ETHICS IN THE RUSSIAN MARKETPLACE
AN ANTHOLOGY

Mark R. Elliott and Scott Lingenfelter, Editors

Institute for East-West Christian Studies
Wheaton College

Ethics in the Russian Marketplace
An Anthology

We appreciate the permission given by the publishers and authors of the articles excerpted in this anthology. They include the Foreign Policy Research Institute for President Vaclav Havel's *New Year's Address, 1990*; the University Press of America and Michael Novak for his chapter, "The Economic Preconditions of Democracy" in *This Hemisphere of Liberty* (1990); SCII/Delovie Lyudi, publisher of *Business in the USSR*, and Alexander Zaichenko for "Coming Out From the Shadows"; the Political Economy Research Center and Peter J. Hill for "Markets and Morality"; Business Roundtable for "Corporate Ethics: A Prime Business Asset"; and William B. Eerdmans and Lewis Smedes for "Respect for Truthfulness" from *Mere Morality* (1983).

ISBN 1–879089–10–6

To Darlene and Sarah

TABLE OF CONTENTS

Integrity in Practice

FOREWORD

The French poet Charles Peguy, whose life was cut short in the first days of World War I, used to say: "The revolution is moral or not at all." In that phrase is encapsulated the reason for the failure of the Communist experiment.

That aphorism lays down the test, as well, which must now be met by the new revolution of democracy and enterprise that is growing slowly beneath the rubble in Central and Eastern Europe, including Russia. "This revolution is moral or not at all."

And notice this: a growing enterprise economy is a necessary (but not sufficient) condition for the successful practice of democracy. Why? Because ordinary people must love democracy, and willingly practice its disciplines, if "government by the people" is to succeed. But ordinary mothers and fathers will not love democracy unless their lives and their children's lives are experiencing improvement. What makes people love democracy is the progress made by the *economic* part of "political economy." The two liberties, political liberty and economic liberty, are intimately connected, and the second undergirds the first.

Both these liberties depend upon the daily practice of high moral habits by a growing number of citizens. Democracy demands active, morally alert, courageous citizens (such as the people of Russia showed themselves to be in their resistance to the failed coup of August 1991). More than most people imagine — more, even, than many of the classical liberal economists made explicit in their innovative writings of the eighteenth and nineteenth centuries — a creative economy also depends upon the widespread practice of moral habits in everyday life.

For a creative enterprise economy — "capitalism" as we call it in shorthand in America — is a system demanding internal controls on behavior; that is, on habits. Its success depends on habits of voluntary cooperation, mutual respect, mutual honesty, and sustained fairness. The costs of unethical or immoral behavior are extremely high, since every violation of this moral code injures future expectations and future behaviors. If such behavior is widespread, it will destroy the system. "This revolution is moral or not at all."

The reason why this is so is obvious. A system of creative enterprise is voluntary. Every transaction within it springs from voluntary commitment, from the spiritual act of one person trusting another. Where trust breaks down, voluntary cooperation is crippled. Thus, options are narrowed down; the wings of dynamic growth are clipped. Individuals become paralyzed. Creativity withers.

Besides, national wealth is created by the initiative and energy of indiviu. Suppose the law in Russia once again recognizes rights to private property, and that markets are allowed to operate freely — but suppose, simultaneously, that individuals remain passive, doing little or nothing, waiting for "the authorities" to act. Then nothing will happen. Neither private property nor a free market make capitalism happen. Capitalist acts must be created by daring, self-confident, self-starting individuals. Creativity is a free act. It must be ventured into "the nothingness."

Again, since individuals differ in their creative energy (and in their luck) a free society will not, and cannot, have equal outcomes. But, then, neither did a Communist society. Equality in the sense of uniformity is against human nature. All striving for it is in vain. Humans must learn to glory in our differences. Envy is destructive of the free society; we must vanquish it. For freedom entails differences. The success of each individual must be seen as contributing to the common good of all. No nation advances all in lockstep; but some run ahead faster, calling the others forward, each at a personal pace. "The pursuit of happiness" is individual, unique to each. This, too, is a work of virtue and fellow-feeling, to learn to admire those more talented or luckier than oneself.

Thus, the economic dynamic of democracy arises from free acts of creativity, within a network of voluntary cooperation. These acts of creativity are in imitation of the Creator, who made each man and woman in His image. The road sign to the creative society reads: Each human being created in the image of God must act accordingly.

Thus, it is a privilege to take part in this splendid project joining East and West alike, doing together what our common Creator would have us do. Liberty begins in obedience to the law of God, which is more like an inner light than like a legal system. There is no other protection for liberty.

Moral rebirth begins as quietly as spring replaces winter. It is a gift, as spring is a gift.

Washington, D.C.
Easter, 1992

MICHAEL NOVAK

Project History

The Institute for East-West Christian Studies at Wheaton College received a grant from the Carthage Foundation in 1991 to investigate the benefits of an ethical foundation for a market economy in the former Soviet Union. From the outset, the goal has been to provide entrepreneurs in Soviet successor states with practical analysis and guidelines for integrating ethical and economic concerns.

A team of consultants provided critical guidance for merging the theory of economics and ethics with the practice of business. Their expertise included business experience in manufacturing, engineering, and administration, and the academic disciplines of economics, ethics, theology, philosophy, and history. Throughout the course of the project the consultants, all active entrepreneurs, provided valuable counsel, played a major role in the conference proceedings, and have authored six of the selections in the present anthology.

The three primary project objectives involved 1) hosting a U.S. conference of entrepreneurs, economists, and Soviet specialists focusing on the integration of ethical and economic concerns; 2) sponsoring a Moscow workshop on business ethics; and 3) publishing an anthology on ethics in the Russian marketplace, based on the findings of the conference and workshop, and other relevant source material.

Wheaton Conference

Fifty-three participants from the Soviet Union and North America gathered at the Billy Graham Center, Wheaton College, Wheaton, Illinois, May 2-4, 1991, to consider the religious and cultural roots of economic behavior, the moral dimensions of business activity, and the relationship of ethics to business negotiations and decision making. A fine summary address given by Dr. Kent Hill related Pope John Paul II's 1991 encyclical, *Centesimus Annus*, to the themes of the conference. The result was a helpful panorama of the welter of economic changes in the Soviet Union's last year of existence, and of the transformation's moral dimension.

At the Wheaton Conference — indeed, throughout the course of the project — participants approached issues from the perspective that high ethical standards provide not only a moral but also a rational basis for an efficient market economy. It behooves entrepreneurs of both North America and the Soviet succession states to heed the timely call to conscience and integrity in the marketplace. Indicative of this perspective, Professor John Lachs of Vanderbilt University pointed out in his plenary address, "Moral and Human Problems in Business," that "forced responsibility is no substitute for enhanced humanity."

Moscow Workshop

Some forty American, Russian, and Georgian entrepreneurs and academic specialists in ethics, economics, and Soviet studies met in Moscow, October 3-5, 1991, to examine the moral dimensions of economic life. Via plenary presentations and discussion groups, participants explored such issues as the theological roots of ethical behavior, the values underlying a market economy, the practical challenges inherent in integrating ethics and economics, and faith and morality as rational catalysts of economic growth. At both the Wheaton Conference and the Moscow Workshop, project consultants led discussion groups in an exploration of various cultural, ethical, and decision-making aspects of business activity.

In Wheaton and in Moscow, speakers represented a variety of institutions and businesses including the U.S.S.R. Academy of National Economy, the Moscow-based Association of Christians in Business, the U.S.S.R. Institute for U.S. and Canada Studies, Moscow State University, Vanderbilt University, Associated Mennonite Seminaries, the Institute on Religion and Democracy, the Soviet Union Network, Slavic Gospel Association, Excelcare, Microsoft, Produce Reporter, JV Dialogue and its American partner, Management Partnerships International, and Wheaton College's Billy Graham Center and its Institute for East-West Christian Studies.

The Ethics and Economics Anthology

The final and most critical phase of the project involved the preparation of the present anthology on ethics and economics for Russian entrepreneurs. Every attempt has been made to appreciate fully the serious, even desperate, nature of economic life and survival in the former Soviet Union, and yet to offer a credible hope. Two special features of this volume include its diglot Russian-English format and its inclusion of excerpts from two moving and insightful primary sources treating the inescapable connection between moral — and immoral — behavior and economic life: Pope John Paul II's encyclical *Centesimus Annus* and Czechoslovakian President Vaclav Havel's 1990 New Year's address.

Proceeding to a practical project conclusion — the present anthology — appeared especially precarious at the beginning of the attempted coup of August 19-21, 1991. The prospect of conservative ideological retrenchment in the Soviet Union loomed large at that moment. Fortunately, the coup failed. The attempt to turn the clock back actually accelerated the disintegration of the Soviet Union. It also greatly increased the momentum for economic reform in the direction of a market-driven economy. Of course, had the coup succeeded innumerable economic initiatives would have been stillborn, including the present anthology.

Acknowledgments

The Wheaton and Moscow meetings and the preparation of the present anthology, which coincided with some of the most fundamental changes in Russian history, benefited from the contributions of many talented individuals and organizations. Each consultant brought special skills and experience to the task.

Mark Boyce, formerly a Marketing Manager with Microsoft, has recently joined Broadview Associates, a leading firm in the information technology industry. He is on the board of directors for the Soviet Union Network-USA, and has extensive cross-cultural experience. Jim Carr is Executive Vice President, Produce Reporter, a credit-rating firm for the produce industry. He has international and agribusiness lending experience with Harris Bank and has taught management at College of DuPage and business ethics at Wheaton College. More recently he has been involved in management consulting for entrepreneurs in the former Soviet Union. Niel Nielson is General Director, Management Partnerships International (MPI), the American partner in JV Dialogue, and has been involved in Soviet joint ventures since 1987. MPI has ongoing ventures in the former Soviet Union in computer software and hardware development, construction, real estate, medical services, information services, and timber, oil, and gas development.

Paul Scotchmer is President of Russian Treasures, Inc., an import and wholesale business in Russian folk art. He previously was Executive Director of Presbyterians for Democracy and Religious Freedom. He has written on Marxism and the work ethic in Western societies. Donn Ziebell is Executive Director of Special Operations for the Slavic Gospel Association, and the President of Ziebell Associates, which organizes business workshops for Russian plant managers in the areas of manufacturing, management, and ethics.

Alexander Zaichenko and Peter J. Hill also provided invaluable expertise. Alexander Zaichenko was formerly consultant of the USSR Council of Ministers' State Commission for Economic Reform and currently serves as Director of the Business and Market Program for the Academy of National Economy (Moscow), and as President of the Moscow-based Association of Christians in Business. Peter J. Hill is George F. Bennett Professor of Economics, Wheaton College, and is a highly regarded speaker, author, and consultant specializing in issues relating to market economies and private property.

Christopher Shore of the Soviet Union Network and Kent Hill of the Institute on Religion and Democracy offered helpful ideas at various points throughout the project. Alexander Zaichenko, Vadim Molodyi, Andrew Semenchuk, Walter Sawatsky, John Lachs, Peter J. Hill, and Jim Halteman read the manuscript and gave needed advice and suggestions. Thanks also are in order to Boris and Vadim Molodyi, who translated and edited the Russian edition of the anthology and set the text in its Russian format, and to Dotsey Welliver and Lauris Mays, who edited and set the English edition. Lauris Mays, Yvonne Bedford-Adamski and, earlier in the project, Kelly Malone and Denise Peterson provided indispensable secretarial help, and Bob Schindler assisted with research. Georgia Douglass greatly facilitated the publishing process, while Lynette Holm gave the anthology a needed flair by designing the cover.

We appreciate the permission given by the publishers and authors of the articles excerpted in this anthology. They include the Foreign Policy Research Institute for President Vaclav Havel's *New Year's Address, 1990*; the University Press of America and Michael Novak for his chapter, "The Economic Preconditions of Democracy" in *This Hemisphere of Liberty* (1990) and for his Foreword; SCII/ Delovie Lyudi, publisher of *Business in the USSR*, and Alexander Zaichenko for "Coming Out From the Shadows"; the Political Economy Research Center and Peter J. Hill for "Markets and Morality"; Business Roundtable for "Corporate Ethics: A Prime Business Asset"; and William B. Eerdmans and Lewis Smedes for "Respect for Truthfulness" from *Mere Morality* (1983).

Finally, on behalf of the project consulting team we would like to add that we feel privileged to have participated in a project that the Carthage Foundation so enthusiastically supported.

Scott Lingenfelter and Mark R. Elliott, Editors

INTRODUCTION

Mark R. Elliott

In Moscow in August 1990 I saw the most depressing film I have ever endured: "Tak zhit nelzya" ("We Can't Live This Way") by Stanislav Govorukhin. Better known for lighter, more popular fare, Govorukhin in this instance produced a sobering documentary not only of the Kremlin's "historical horrors" but also a portrait of the continuing plight of his country's long-suffering people. "Physically deformed by malnutrition and drudgery, turned amoral by Communist hypocrisy and the demise of religious values, the people captured by Govorukhin's camera," *Moscow Magazine* notes, "are all somehow stunted, pitiful, almost grotesque. 'When did we become this' he asks in quiet anguish as one twisted specimen after another appears on the screen. 'The worst crime of this regime is that it created a new type of person — this is the kind of person we've become.'"

"There's criminal terror ahead," Govorukhin shouts like an Old Testament prophet. "Society is immoral. There's no law.... 'Tomorrow will only be worse, not better.' A society like this, a society without hope, has to collapse."[1]

The glasnost-era Soviet press likewise confirmed the material and moral woes of the first Marxist state: low productivity, frequent industrial and transportation accidents, of which Chernobyl is only the worst, endemic, top to bottom corruption, an impoverished citizenry surviving on Third World incomes, and a daunting range of intractable social ills including rising infant mortality rates, child abandonment (the case for 90 percent of orphans), decreasing male life expectancy, deteriorating medical and social services, and rising rates of crime, alcoholism, drug abuse, and divorce.[2]

Dr. Mark R. Elliott (PhD, History, University of Kentucky) is Professor of History and Director of the Institute for East-West Christian Studies at Wheaton College. He is the author of Pawns of Yalta: Soviet Refugees and America's Role in Their Repatriation, *editor of* Christianity and Marxism Worldwide: An Annotated Bibliography, *and the* East European Missions Directory, *and coeditor of* Christian/Marxist Studies in U.S. Higher Education: A Handbook of Syllabi.

Well before his December 1991 resignation Mikhail Gorbachev recognized that the Soviet Union's economic plight stemmed at least in part from the country's moral drift. In Rome in early December 1989, the day before his historic meeting with Pope John Paul II, the last Soviet leader not only expressed regrets to reporters for past "mistakes" in Moscow's treatment of the church, but called for Christianity's active support in rebuilding the Soviet Union's ethical foundations.[3] "We need spiritual values," he admitted. "The moral values which religion generated and embodied for centuries can help in the work of renewal in our country."[4]

After seventy years of dismissing religion as the vilest of superstitions the country's intellectuals, its educators, and its political leaders are now saying otherwise. Russia's writers were the first to put in print the obvious facts of a catastrophic social and moral crisis with which the Kremlin could not cope. In May 1986 Viktor Astafyev in the Moscow literary journal, *Our Contemporary*, poignantly spoke of lost faith and abandoned morals:

> What happened to us? Who hurled us into the depths of misfortune, and why? Who extinguished the light of goodness in our soul? Who blew out the lamp of our conscience, toppled it into a dark, deep pit in which we are groping, trying to find the bottom?...[In the past] we lived with a light in our soul...so that we would not wander in the darkness,...scratch out each other's eyes, or break our neighbor's bones....They stole it from us and did not give anything in return, giving rise to unbelief, an all-encompassing unbelief....To whom should we pray? From whom should we ask for forgiveness?[5]

Yevgeny Yevtushenko, a well-known poet, when interviewed by a major Soviet newspaper, told the nation as early as 1986 that people could not call themselves truly educated without having read the Bible — and the state ought to publish it![6]

An American sociologist, after lecturing in the U.S.S.R. in 1989, reported back to his peers that "People wanted to know what Western sociology could teach...about instilling norms of decency and high ethical standards."[7] A vice rector of a Soviet university sat in this writer's office in the spring of 1990 and related with genuine feeling that the Soviet system of higher education needed religion to humanize it, to give it an underpinning of humane values.[8]

Similarly, at the national convention of the American Association for the Advancement of Slavic Studies, November 2-5, 1989,

Soviet Academy of Science sociologist, Professor Mikhail Matskovsky, explained to a highly secularized American audience that the crisis of Soviet society stemmed from the erosion of its moral foundations — foundations which he felt could be rebuilt through the moral teachings of the Bible.

Giving free reign to economic competition in a moral vacuum can beget a cult of wealth and moral and economic impoverishment. In Michael Novak's words, "Democratic capitalism is not a 'free enterprise system' alone. It cannot thrive apart from the moral culture that nourishes the virtues and values on which it depends." However, free market forces at work in a culture that takes seriously the values of a Judeo-Christian heritage foster greater material well-being by placing reasonable restraints on competition, restraints that are at once humane and economically prudent. Again quoting Novak, democratic capitalism's "moral-cultural system...has many legitimate and indispensable roles to play in economic life, from encouraging self-restraint, hard work, discipline, and sacrifice for the future to insisting upon generosity, compassion, integrity, and concern for the common good."[9]

One of the grave dangers facing an Eastern Europe minus Marx is the rapid introduction of free enterprise systems into societies without the ameliorating influence of Judeo-Christian ethical foundations, just as Western societies are suffering from an erosion of these very same moral underpinnings. In his 1990 New Year's Day address to his nation, Vaclav Havel, Czech dissident-turned-president, eloquently attested to the legacy of moral bankruptcy that Marxism has bequeathed to Eastern Europe:

> The worst thing is that we are living in a decayed moral environment. We have become morally ill because we have become accustomed to saying one thing and thinking another. We have learned not to believe in anything, not to have consideration for one another, and only to look after ourselves. Notions such as love, friendship, compassion, humility, and forgiveness have lost their depth and dimension....Few of us have managed to cry out that the powerful should not be all-powerful....[10]

It is worth pondering what distortions might emerge with the introduction of market systems into societies disillusioned with Marxism, yet still profoundly influenced by many decades of an educational system that was hostile to faith and its ethical teachings.

To ease the introduction of capitalism into an Eastern Europe morally adrift, teachings need to be fostered that uphold high ethical standards for human relationships, including those of the marketplace. Canadian entrepreneur Arthur DeFehr, after returning from a March 1990 business seminar in Kiev, wrote, "The market system functions best if there is a sufficient level of integrity in social and economic relationships. An efficient market provides some of this discipline, but it can be enhanced by drawing on those social, historical and religious traditions which promote morality from within."[11]

Elsewhere DeFehr put it even more succinctly: "Without an acceptable level of integrity, the market system simply leads to new distortions."[12] U.S. economist Dr. P. J. Hill makes much the same point: "Basic honesty, a willingness to honor contracts, and trust are all ethical attributes that can significantly reduce the resources required to measure and monitor economic activity. In fact some authors consider the lack of such attributes as important hindrances to growth in certain parts of the world."[13]

Finally, a widely published Moscow economist, Dr. Alexander Zaichenko, also makes a forceful case for a moral foundation for an effective and human market system:

> The difficult but urgent job of establishing standards of honesty and respectability in business, without which an effective market is impossible, should be undertaken.... Religion and the church can play an important role. It is very important to understand that it is not the market that forms business ethics, as many think, but a stable universal code of morals which forms ethics, which in turn establish standards for free and honest business. Thus, any "code of honor for businessmen," adopted without accepting universal standards of morals and behavior, will produce as few results as the "code for the builders of communism" set out in the 1960s.[14]

It would seem clear that the introduction of a market system in the moral and ideological vacuum of a post-Marxist Eastern Europe without substantive ethical underpinnings is a recipe for a new tragedy in a part of the world that has experienced too many. It is the hope of the Institute for East-West Christian Studies that this volume on the critical relationship of ethics and economics will assist entrepreneurs emerging from Marxism's ashes to grasp the moral necessity as well as the utilitarian advantage of conducting business on the basis of high ethical standards.

Notes

[1]Carey Goldberg, "Film Director Govorukhin's J'accuse," *Moscow Magazine* (August 1990), 70.

[2]Francoise Thom, "The Gorbachev Phenomenon," Policy Research Publications, London, 1988, 5–8, 12; Vladimir Treml, *Alcohol in the U.S.S.R., A Statistical Study* (Durham, NC: Duke University Press, 1982), ix–xii, 70, 80.

[3]*New York Times*, 31 December 1989.

[4]"Gorbachev Calls for Return to Spiritual Values," *The Globe and Mail*, 1 December 1989, 1.

[5]Quoted in Mark Elliott, "Glasnost and the Church: Is the Window Half-Opened or Half-Closed?," *This World* 24 (Winter 1989): 130.

[6]Yevgeny Yevtushenko, "Culture is the Source of Morality," *Komsomolskaya Pravda*, 10 December 1986, 2. The article is discussed in Oxana Antic, "Soviet Writers and the Search for God," *Radio Liberty Research* RL201/87 (26 May 1987).

[7]Harvey Molotch, "Lecturing in the U.S.S.R.," *American Sociological Association Footnotes* (November 1989): 3.

[8]Margarita Petrovna Dvorzhetskaya, Kiev State Pedagogical Institute of Foreign Languages, 15 March 1990.

[9]Michael Novak, *The Spirit of Democratic Capitalism* (Lanham, MD: Madison Books, 1991), 57–58.

[10]*Orbis* 34 (Spring 1990): 253–61.

[11]"Christian Entrepreneurs and Perestroika," unpublished paper, 8 March 1990, 1.

[12]"Can Perestroika Succeed Without a Moral Foundation?," unpublished paper, 1.

[13]*Journal of Private Enterprise* (Fall 1989): 3.

[14]"Coming Out From the Shadows," *Business in the USSR*, no. 2 (June 1990): 41.

ETHICAL DIMENSIONS OF ECONOMIC LIFE

EAST AND WEST

1990 NEW YEAR'S ADDRESS

Vaclav Havel

Dear fellow citizens:

For the past forty years on this day, you have heard my predecessors utter different variations on the same theme: how our country is prospering, how many more billion tons of steel we have produced, how happy we all are, how much we trust our government, and what beautiful prospects lie ahead of us. I do not think you appointed me to this office in order that I, of all people, should lie to you.

Our country is not prospering. The great creative and spiritual potential of our nation is not being used to its full potential. Whole sectors of industry are producing things in which no one is interested, while the things we need are in short supply.

The state, which calls itself a state of the working people, is humiliating and exploiting the workers. Our outdated economy is squandering energy, something of which we are in short supply. A country that once could be proud of the level of education among its people spends so little on education that today it occupies seventy-second place in the world. We have laid waste and soiled the rivers and the forests that our forefathers bequeathed to us, and today we have the worst environment in all of Europe. Adults in our country die earlier than those in most other European countries....

The worst thing is that we are living in a decayed moral environment. We have become morally ill because we have become accustomed to saying one thing and thinking another. We have learned not to believe in anything, not to have consideration for one another, and only to look after ourselves. Notions such as love, friendship, compassion, humility, and forgiveness have lost their depth and dimension, and for many of us have come to represent

Prior to taking the office of President of Czechoslovakia in 1990, Vaclav Havel was an acclaimed playwright and a leading and long-time participant in the human rights movement in Czechoslovakia, particularly through Charter 77. This excerpt from his 1990 New Year Address was printed in Orbis 34 (Spring '90): 254-61, and is used here by permission of the Foreign Policy Research Institute.

merely some kind of psychological idiosyncrasy, or some kind of stray relic from the past — something rather comical in the era of computers and space rockets. Few of us have managed to cry out that the powerful should not be all-powerful....

When I talk about a decayed moral environment...I mean all of us, because all of us became accustomed to the totalitarian system, accepted it as an unalterable fact, and thereby kept it running. In other words, all of us are responsible, each to a different degree, for keeping the totalitarian machine running. None of us is merely a victim of it, because all of us together helped to create it....

Let us not delude ourselves: not even the best government, the best parliament, and the best president can do much on their own, and it would be profoundly unjust to expect them alone to put everything right. Freedom and democracy, after all, mean that we all have a part to play and that we all bear joint responsibility....

Self-confidence is not pride. Quite the contrary. Only men or nations self-confident in the best sense of the word are capable of listening to others, accepting them as equals, forgiving enemies, and regretting mistakes. As such people, let us try to introduce self-confidence into the life of our community and, as such nations, into our conduct on the international arena. Only in this way shall we regain our self-respect and respect for each other, as well as the respect of other nations....

Our first president wrote "Jesus and not Caesar...."Tomas Masaryk founded his politics on morality. Let us try, in a new time and in a new way, to revive this concept of politics. Let us teach both ourselves and others that politics ought to be a reflection of the aspiration to contribute to the happiness of the community, and not of the need to deceive or pillage the community. Let us teach both ourselves and others that politics does not have to be the art of the possible, especially if this means the art of speculating, calculating, intrigues, secret agreements, and pragmatic maneuvering; but that it can also be the art of the impossible, that is, the art of making both ourselves and the world better.

Centesimus Annus

Pope John Paul II

The modern *business economy* has positive aspects. Its basis is human freedom exercised in the economic field, just as it is exercised in many other fields. Economic activity is indeed but one sector in a great variety of human activities, and like every other sector, it includes the right to freedom, as well as the duty of making responsible use of freedom. But it is important to note that there are specific differences between the trends of modern society and those of the past, even the recent past. Whereas at one time the decisive factor of production was *the land*, and later capital — understood as a total complex of the instruments of production — today the decisive factor is increasingly *the person*, that is, one's knowledge, especially one's scientific knowledge, one's capacity for interrelated and compact organization, as well as one's ability to perceive the needs of others and to satisfy them....

However, the risks and problems connected with this kind of process should be pointed out. The fact is that many people, perhaps the majority today, do not have the means which would enable them to take their place in an effective and humanly dignified way within a productive system in which work is truly central. They have no possibility of acquiring the basic knowledge which would enable them to express their creativity and develop their potential. They have no way of entering the network of knowledge and intercommunication which would enable them to see their qualities appreciated and utilized. Thus, if not actually exploited, they are to a great extent marginalized; economic development takes place over their heads, so to speak, when it does not actually reduce the already narrow scope of their old subsistence economies. They are unable to compete against the goods which are produced in ways which are new and which properly respond to needs —

Born Karol Wojtyla in Wadowice, Poland, Pope John Paul II was elected Bishop of Rome in the fall of 1978, the first Polish pope in history. His active pontificate has included extensive travel, writing, and influential advocacy for human rights. The excerpt of this encyclical of May 1991 is from the Vatican translation with italics in the original.

needs which they had previously been accustomed to meeting through traditional forms of organization. Allured by the dazzle of an opulence which is beyond their reach, and at the same time driven by necessity, these people crowd the cities of the Third World where they are often without cultural roots, and where they are exposed to situations of violent uncertainty, without the possibility of becoming integrated. Their dignity is not acknowledged in any real way, and sometimes there are even attempts to eliminate them from history through coercive forms of demographic control which are contrary to human dignity.

Many other people, while not completely marginalized, live in situations in which the struggle for a bare minimum is uppermost. These are situations in which the rules of the earliest period of capitalism still flourish in conditions of "ruthlessness" in no way inferior to the darkest moments of the first phase of industrialization. In other cases the land is still the central element in the economic process, but those who cultivate it are excluded from ownership and are reduced to a state of quasi-servitude.[1] In these cases, it is still possible today, as in the days of *Rerum Novarum*, to speak of inhuman exploitation. In spite of the great changes which have taken place in the more advanced societies, the human inadequacies of capitalism and the resulting domination of things over people are far from disappearing. In fact, for the poor, to the lack of material goods has been added a lack of knowledge and training which prevents them from escaping their state of humiliating subjection....

The Church acknowledges the legitimate *role of profit* as an indication that a business is functioning well. When a firm makes a profit, this means that productive factors have been properly employed and corresponding human needs have been duly satisfied. But profitability is not the only indicator of a firm's condition. It is possible for the financial accounts to be in order, and yet for the people — who make up the firm's most valuable asset — to be humiliated and their dignity offended. Besides being morally inadmissible, this will eventually have negative repercussions on the firm's economic efficiency. In fact, the purpose of a business firm is not simply to make a profit, but is to be found in its very existence as a *community of persons* who in various ways are endeavoring to satisfy their basic needs, and who form a particular group at the service of the whole of society. Profit is a regulator of the life of a business, but it is not the only one; *other human and moral factors* must also be considered which, in the long term, are at least equally important for the life of a business....

There are collective and qualitative needs which cannot be satisfied by market mechanisms. There are important human needs which escape its logic. There are goods which by their very nature cannot and must not be bought or sold. Certainly the mechanisms of the market offer secure advantages: they help to utilize resources better; they promote the exchange of products; above all they give central place to the person's desires and preferences, which, in a contract, meet the desires and preferences of another person. Nevertheless, these mechanisms carry the risk of an "idolatry" of the market, an idolatry which ignores the existence of goods which by their nature are not and cannot be mere commodities....

Can it perhaps be said that, after the failure of Communism, capitalism is the victorious social system, and that capitalism should be the goal of the countries now making efforts to rebuild their economy and society? Is this the model which ought to be proposed...for the path to true economic and civil progress?

The answer is obviously complex. If by "capitalism" is meant an economic system which recognizes the fundamental and positive role of business, the market, private property and the resulting responsibility for the means of production, as well as free human creativity in the economic sector, then the answer is certainly in the affirmative, even though it would perhaps be more appropriate to speak of a "business economy," "market economy" or simply "free economy." But if by "capitalism" is meant a system in which freedom in the economic sector is not circumscribed within a strong juridical framework which places it at the service of human freedom in its totality, and sees it as a particular aspect of that freedom, the core of which is ethical and religious, then the reply is certainly negative....

Models that are real and truly effective can only arise within the framework of different historical situations, through the efforts of all those who responsibly confront concrete problems in all their social, economic, political and cultural aspects, as these interact with one another.[2] For such a task the Church offers her social teaching as an *indispensable and ideal orientation,* a teaching which, as already mentioned, recognizes the positive value of the market and of enterprise, but which at the same time points out that these need to be oriented towards the common good. This teaching also recognizes the legitimacy of workers' efforts to obtain full respect for their dignity and to gain broader areas of participation in the life of industrial enterprises so that, while cooperating with others and under the direction of others, they can in a certain sense "work for themselves"[3] through the exercise of their intelligence and freedom.

The integral development of the human person through work does not impede but rather promotes the greater productivity and efficiency of work itself, even though it may weaken consolidated power structures. A business cannot be considered only as a "society of capital goods"; it is also a "society of persons" in which people participate in different ways and with specific responsibilities, whether they supply the necessary capital for the company's activities or take part in such activities through their labor.

Notes

[1]Encyclical Letter *Laborem Exercens* (14 September 1981), AAS 21, 632–34.

[2]Second Vatican Ecumenical Council, Pastoral Constitutions on the Church in the World of Today *Gaudium et Spes*, 36; Paul VI, Apostolic Epistle *Octogesima Adveniens*, 2–5, 402–05.

[3]*Laborem Exercens*, 15, 616–18.

THE ECONOMIC PRECONDITIONS OF DEMOCRACY

Michael Novak

When we inquire into the economic preconditions of democracy, it is most illuminating to do so from the point of view of the poor. Nothing makes democracy more beloved to the poor than the ability of families at the bottom of society to better their economic condition from decade to decade. Nothing so sours the poor on democracy as the experience of economic stagnation or decline. More even than others in society, the poor have a need to experience tangible economic progress in their own lives. They do not expect paradise on earth, but they do expect a horizon of continuing improvement. Therefore, democracy without economic progress for the poor is not likely to be sustainable, since it cannot win the love necessary to its own continuance....

Surely, the lessons of the twentieth century have taught us that human liberty is of a piece. Liberty is, in fact, trinitarian. It has three coequal parts: political liberty, economic liberty, and moral and cultural liberty. Political liberty requires economic liberty. Both of these liberties require moral and cultural liberty — the liberty of responsibility, the liberty of the free mind and the free heart to reflect and to choose the paths of its own destiny. "The God who made us made us free" — morally free, politically free, economically free. One such freedom without the others is insufficient. It is insufficient not only in itself but also as a protection of the other two. Each of the three liberties needs the other two for its own survival.

Michael Novak holds the George Frederick Jewett Chair in Religion and Public Policy at the American Enterprise Institute in Washington, D.C. He has held various university chairs and was the U.S. Ambassador to the U.N. Commission on Human Rights in 1981 and 1982, and to the Bern meeting of the Commission for Security and Cooperation in Europe in 1986. The author of Taking Glasnost Seriously *and* The Spirit of Democratic Capitalism, he *has published some 20 other books in philosophy, theology, political economy, and culture. This excerpt is taken from a chapter by the same title in* This Hemisphere of Liberty: A Philosophy of the Americas *(Washington, D.C.: The American Enterprise Institute Press, 1990), by permission of the publisher and author.*

Perhaps because of the dreadful dangers of totalitarian modes of thinking in the twentieth century, we may have paid too much attention since World War II to political liberty and not enough to its preconditions, both moral and economic. The time is now past for that neglect. "Democracy" alone is now an insufficient battle cry. For democracy can scarcely be sustained where moral and economic liberties are not present. We may learn this to our sorrow in the present hopeful struggles for democracy in Eastern Europe and in Latin America.

Among the three liberties already mentioned, one alone (as we have seen) has primacy of place: moral, religious, cultural liberty — that is, the liberty to exercise human powers of reflection and of choice. In these two capacities, reflection and choice, each of us is made in the image of our Creator, whose two most favored names in the Jewish and Christian covenants are Light and Love. How to build a civilization more respectful of reflection and choice than any other in the annals of human history is our constant task.

By the freedom of the moral-cultural system, I mean the free exercise of conscience and the free flow of information and ideas. But I also mean freedom for the basic institutions of the moral-cultural sector — churches, families, universities, the press, and the other associations of spiritual, artistic, and cultural life. A totalitarian society tries to shut down this moral-cultural system. It suffocates it by depriving it of space. A free society allows it to grow, continually expanding civic space for the daily exercise of reflection and choice.

Human Capital

This primacy of the moral-cultural system carries over into economics. The primary cause of the wealth of nations is human wit — discovery, invention, organization, enterprise. The number one resource of the free economy is human capital. Each nation's greatest single source of wealth is the creativity inalienably endowed in the heart and soul of every single person by the Creator. Its citizens are a nation's greatest economic resource. Each has been given by God the capacity to create more in a lifetime than he or she consumes. This is the very principle of human economic progress. Without it, economic development could not occur.

In almost every intellectual culture of the West, nonetheless, the true nature of the free economy is misperceived. Karl Marx tried to defile the name "capitalism" by defining it as an immoral force, by contrast with his own hazy utopia. Unfortunately, this Marxist utopia became — in the words of Vaclav Havel — a nightmare....[1]

What is distinctive about the capitalist economy is its original discovery that the primary cause of economic development is mind. The cause of wealth is invention, discovery, enterprise. This, incidentally, is why a capitalist system is so much fun. It brings delight to the inventive mind. It excites the creative capacities of ordinary people. It makes farmers more alert to small differences in seeds and soils and nutrients.[2] It makes citizens more aware of their own hidden capacities and of resources in their environment that are being overlooked. It makes men and women begin to study the needs and wants of others, to see whether there are goods or products not now available to them that would enhance their lives. A capitalist system is distinguishable among all others by the tide of invention and enterprise that sweeps through entire populations, transforming them from passivity to economic activism. A capitalist system begins from the bottom up; it raises up many rare talents from enterprise and invention among those born very poor. It normally begins, as Guy Sorman has felicitously put it, as "barefoot capitalism."[3] Every citizen on earth has been endowed by God with the virtue of enterprise. An economic system that frees these citizens to exercise that inalienable capacity brings them delight.

It is not so easy, however, to design social systems that actually do liberate human beings for the free exercise of enterprise. Many nations on this planet have never yet done so. (In many languages, a good word for enterprise — the moral virtue of acting with personal initiative and creativity — is not easy to find because social conditions have repressed the reality to which such a word would point.) To erect social systems that promote and foster this important moral virtue is the single most important task for the party of liberty over the next ten years. The fate of democracy depends upon it.

A Practical Agenda

With this task in mind, I have tried to imagine a practical agenda for Eastern Europe, Latin America, and elsewhere, which consists of ten practical proposals. Like any moral virtue, enterprise develops far more broadly in a population where the social system does not punish it but undergirds and rewards it. To meet these two requirements, a society that wishes to build the economic foundations for a free polity will need to concentrate much effort on changing its social institutions and its laws.

Here, then, are ten practical proposals, a political platform for the party of liberty:

- to recognize in law the inalienable right of personal economic initiative
- to allow the multitudes who labor in the informal or illegal sector swift, easy, and inexpensive access to legal incorporation
- to empower all citizens now in the informal sector with all relevant legal and social supports for their economic activities and to build institutions designed to instruct them in how to make use of them
- to establish institutions of credit accessible to the poor, which also give professional advice on how to make their enterprises successful
- to favor by law and tax incentives virtually universal home ownership, land ownership, or both with full rights of ownership in perpetuity (including rights to buy or sell)
- to grant workers in state industries, utilities, and the like stock ownership in these enterprises, through employee stock ownership plans
- to sell off most state enterprises to the public, that is, to "privatize" them, through as wide a system of public ownership as possible, approximating universal participation in ownership
- to give primacy among social welfare expenditures to building systems of universal education, stressing the virtues of initiative, enterprise, invention, and social cooperation
- to strengthen the voluntary, nonstatist social sector by laws and tax incentives favorable to the development of foundations and other private institutes of social welfare, not as a substitute for state-sponsored social welfare programs, but as a fresh source of innovation and public service
- in recognition of their indispensable social contribution to the progress of science and the practical arts, to develop strong copyright and patent laws, which grant to authors and inventors the right to the fruits of their inventions for a limited time

This last element is one of the key turning points of economic revolution. It is decisive for the emergence of capitalism.

Conclusion

Liberty is many splendored. Political liberty depends on economic liberty. A capitalist, invention-centered economy is a necessary but not sufficient condition for democracy. Ordinary citizens judge a political economy by how well it enables them to exercise their own talents, including their capacity for economic enterprise. They depend upon the fruits of that enterprise, if they are to see their families better their condition from decade to decade. The poor, above all, want to see economic progress in the lives of their own families. To achieve this progress, a nation needs every one of its able-bodied citizens to exercise the creative imagination and economic energy that God has endowed in them....

Notes

[1]Addressing the U.S. Congress, Vaclav Havel said that since World War II we have learned

> to see the world in bi-polar terms, as two enormous forces, one a defender of freedom, the other a source of nightmares. Europe became the point of friction between these two powers and thus it turned into a single enormous arsenal divided into two parts. In this process, one half of the arsenal became part of that nightmarish power, while the other — the free part — bordering on the ocean and having no wish to be driven into it, was compelled, together with you, to build a complicated security system, to which we probably owe the fact that we still exist ("Address of the President of the Czechoslovak Republic to a Joint Session of the United States Congress," Washington, D.C., 21 February 1990).

[2]"The chief use of agricultural fairs," Abraham Lincoln said in his "Address to the Wisconsin State Agricultural Society" in Milwaukee,

> is to aid in improving the great calling of agriculture, in all it's [sic] departments, and minute divisions — to make mutual exchange of agricultural discovery, information, and knowledge; so that, at the end, all may know every thing, which may have been known to but one, or to but a few, at the beginning....
>
> I know of nothing so pleasant to the mind, as the discovery of anything which is at once new and valuable — nothing which so lightens and sweetens toil, as the hopeful pursuit of such discovery. And how vast, and how varied a field is agriculture, for such discovery. The mind, already trained to thought, in the country school, or higher school, cannot fail to find there an exhaustless source of profitable enjoyment. Every blade of grass is a study; and to produce two, where there was but one, is both a profit and a pleasure. And not grass alone; but soils,

seeds, and seasons — hedges, ditches, and fences, draining, droughts, and irrigation — plowing, hoeing, and harrowing — reaping, mowing, and threshing — saving crops, pests of crops, diseases of crops, and what will prevent or cure them — implements, utensils, and machines, their relative merits, and how to improve them — hogs, horses, and cattle — sheep, goats, and poultry — trees, shrubs, fruits, plants, and flowers — the thousand things of which these are specimens — each a world of study within itself (Abraham Lincoln, *Speeches and Writings 1859–1865: Speeches, Letters and Miscellaneous Writings, Presidential Messages and Proclamations* [New York: Library of America, 1989], 90–91, 99–100).

[3]Guy Sorman, *Barefoot Capitalism*, English edition published in India, 1988.

FROM UNDER THE RUBLE: REFLECTIONS ON ETHICS AND SOCIAL RECOVERY

Paul F. Scotchmer

Whether first-century zealot or twentieth-century communist, the message of the political revolutionary has always been the same: "Let us go and kill our enemies and then everything will be fine." The message of the moral revolutionary has been the opposite: "Let us put ourselves in danger. Perhaps we shall be killed. But as a result of our acts, there may be an improvement in the life of the nation."[1]

God willing, the era of the political revolutionary in Russia is over — the last bloody deed having been, we must all hope, the shameless crushing of three students under the treads of Soviet tanks during the aborted *coup d'etat* in August of 1991. The work of the moral revolutionary, however, has no end in this life. For the real enemy is not those powers and principalities we see, but those we do not see: not what confronts us in the sunshine of public life, but what lurks in the shadows of every human heart and plays havoc in the routine affairs of daily life.

What, then, is the message of the moral revolutionary for a post-communist society? More particularly, what is the message for the entrepreneurs who suddenly have given such enormous powers to influence the shape of the new social order?

The Business of Social Recovery

Imagine for a moment a brief exchange between a wizened old priest and a rising young entrepreneur, recently baptized by the priest:

Paul Scotchmer (PhD, Theology, Drew University) is President of Russian Treasures, Inc., an import and wholesale business in Russian folk art. Dr. Scotchmer previously was Executive Director of Presbyterians for Democracy and Religious Freedom and has written on Marxism and the work ethic in Western societies.

Priest: "I would like to ask you a very personal question about your work: As a businessman, what part do you expect to play in the social recovery of Russia?"

Entrepreneur: "To be honest, I have not given the question much thought. But it seems to me that by developing a successful business, I will be contributing to the enrichment of our land. I will be creating jobs, making goods and services available to other people, and adding to public revenues."

Priest: "Yes, that is all true. Your answer puts me in mind of Adam Smith's notion of the 'invisible hand.' Still, I wonder if there is more to the equation than that?"

Entrepreneur: "You present me with a hypothesis, but I think you are really bearing a thesis. I'm eager to hear it."

Priest: "All right. But first I want to reaffirm your point. There can be no question that Russia, and very likely most of what was once called the Soviet Union, will develop a market economy. The result, over time, will be an increased standard of living. Free enterprise will be good for Russia. And you will be part of that reconstruction.

"But now I speak philosophically. Is it not also true that there are moral risks and dilemmas inherent in the world of business?"

Entrepreneur: "Yes, of course."

Priest: "Moreover, do you suppose that business activity operates entirely on its own axis, without being influenced by, or helping to influence, the wider culture? Or would you agree that there is a constant interplay between the two — the economic sphere being shaped, on the one hand, by the ideas, beliefs, and moral commitments of contemporary culture, and, conversely, culture being shaped by the constant push and pull — indeed, the *Sturm und Drang* — of commercial enterprise?"

Entrepreneur: "I am sure you are right. There is bound to be an interplay between business and culture."

Priest: "Good. Now I will show you why I said that I have a very *personal* question to ask you. You are young. You are talented. And you are ambitious. But you also have a good heart, which is why I can speak to you so freely from my own. And here is what I want to say: Ten years from now, twenty years from now, the main issue for Russia will not be, 'Can my family survive?' That is what people are talking about today. But that should pass, assuming food shortages end and incomes increase in a market economy. Nor will the issue be, 'How do the leading economic indicators compare with ten years ago?' That is what the politicians will be talking about, and that will not change. Nonetheless, the really important economic issue will be this: How have the people been affected — physically, morally, and spiritually — by the new economic culture? To refine the question: Does the nature of business activity Russian style — *your* style — elicit personal virtues, or vices? Does it strengthen human bonds, or weaken them? Does it foster human community, or destroy it? Does it encourage economic activity as a means to human happiness, or as an end in itself? And if it is happiness that is encouraged, will business — with its enormous powers to shape the human soul through advertising — help define human happiness simply in terms of material well-being and hedonistic pleasures, or in terms of something far more profound and lasting?"

Entrepreneur: "In other words, the question today is not whether capitalism can bring economic recovery to Russia, but at what cost."

Priest: "Exactly. And in ways that you might not anticipate, the answer to that question is in your hands."

The Future of Russian Capitalism

What can be anticipated at this point from the Russian people, and from those who have long been dominated by the Soviet system? As they develop a market economy, will they also develop a humane economy? Here we face three realities. One is the vitality of capitalism. A second is the character of the Russian people. A third is the legacy of communism. How will these realities influence the shape of capitalism in the former Soviet empire?

Whether friend or foe of capitalism, there is no denying the tremendous energy that capitalism has unleashed in this world. Consider the words of Marx and Engels, in what Daniel Bell referred to as "an almost hyperbolic paean to the bourgeoisie," in *The Communist Manifesto*:

> The bourgeoisie, during its rule of scarce one hundred years, has created more massive and more colossal productive forces than have all preceding generations together. Subjection of nature's forces to man, machinery, application of chemistry to industry and agriculture, steam navigation, railways, electric telegraphs, clearing of whole continents for cultivation, canalization of rivers, whole populations conjured out of the ground — what earlier century had even presentiment that such productive forces slumbered in the lap of social labor?...[2]

And that was in 1848. Since then, the engines of capitalist enterprise have picked up considerable speed. Indeed, the urge to produce in modern, industrial society is almost manic, as illustrated by the philosophy of American automobile maker Henry Ford: "We shall learn to be masters rather than servants of nature," he proclaimed. And to that end he defined "the true industrial idea":

> to duplicate a useful idea, by as many thousands as there are people who need it....To produce, produce; to get a system that will reduce production to a fine art; to put production on such a basis as will provide means for expansion and the building of still more shops, the production of still more thousands of useful things — that is the real industrial idea.[3]

Is Russia ready for this ride? A clue, I think, is found in the robustness of the shadow economy known in communist days as the "black market" — which is now being partly absorbed into the free market. The extent of this counter-economy, notwithstanding its moral and practical limitations, speaks volumes on the creativity and pugnacity of the Russian people. Clearly, for some time they have been ready for a more prosperous and dynamic economy.

Another clue into Russia's readiness for the vitality of capitalist enterprise is found in literary insights into the character of the Russian people. I think, for example, of a passage in Gogol's *Dead Souls*:

> What Russian does not love rapid driving? How should his soul, that craves to be lost in a whirl, to arouse without stint, to say at times, "Damnation take it all!" — how should his soul not love it?...The forest flies by on both sides with dark rows of firs and pines...the whole road flies into the unknown retreating distance; and there is something terrible in this rapid flitting by, in which there is no time to distinguish the vanishing object and only the sky over one's head and the light clouds and the moon that struggles through them seem motionless. Ah! troika, bird of a troika! Who was it first thought of thee? Sure, thou couldst only have been born among a spirited people — in that land that does not care to do things by halves, but has spread, a vast plain, over half the world....And Russia, are not thou too flying onward like a spirited troika that nothing can overtake?[4]

If such characterizations can be trusted (and they certainly have some historical support), Russians can move with vertiginous speed and overwhelming power when they are inspired. Marxist ideology, in the end, failed to inspire. It was fundamentally at odds with the nature of man. But capitalism may be another matter.

Among the few things produced efficiently by communism was corruption. According to economist Alexander Zaichenko, petit larceny accounted in 1988 for 20 percent of the GNP — 175 billion rubles.[5] Less measurable, but no less significant, were the economic and human costs of shoddy merchandise, environmental abuse, goldbricking, bribery, and *blat* — all of which were rampant in the communist regime.

But will corruption be any less a problem in capitalist Russia? A grim prognosis is offered by an acquaintance of mine, who is currently involved in a Soviet-American joint venture. Recently, he advised another man anticipating some business dealings in Russia: "I cannot warn you strongly enough to be careful. It's a real snake pit out there. You can hardly trust anyone."

There is doubtless truth in these forebodings. The seriousness of the present situation — both economic and ethical — must not be underestimated. In the short run, Russians will likely experience the worst of both worlds: the residual effects of a communist system and the element of anarchy almost insured by the sudden shift from slavery to freedom. It will take time for the laws, the ethical requirements of free enterprise, and the inherent checks and balances of a market economy to catch up with the alluring opportunities to get rich. For a time, there will be a "wild, wild West" flavor to business in the Soviet republics.

But now let us assume the best — that in the months and years ahead, the unsavory features of the Russian economy attributable to either communism or transition are overcome. Then what? Based on the character of its people, the likelihood is that Russia will not only embrace capitalism but succeed in building a strong and competitive economy. But there is more to the matter than production and consumption. The question remains whether Russia can build a humane economy.

A Call for Restraint

Adam Smith's English contemporary, Dr. Samuel Johnson, quipped that "There are few ways in which man can be more innocently employed than in getting money." Sometimes. But it is most likely to be so when the entrepreneur embodies those personal virtues that serve as a voluntary check on self-indulgence and predatory behavior in a free society.

There is more to man than a rush of human energy in celebration of freedom. There is a necessary rhythm of tension and release. A good story builds to a climax, and only then is it followed by the *denouement*. And so it is with most of life: tension and release, effort and rest, suffering and redemption. The importance of this rhythm, as it relates to work, is underscored by the commandment in Scripture to keep the Sabbath Day holy. It is all well and good, as beings created in the image of God, to refashion nature for our physical needs. But there are also limits. Man is not, in the first place, a worker (*homo faber*). Nor is he in the first place a consumer of nature's bounty. He is in the first place, and from the very beginning of time, a religious being — a creature made in the image of God and intended for fellowship with God. East of the Garden, where we all dwell at this time, we must work and pray for our daily bread. But we must also show, through our work and our prayers, that we do not live for bread alone.

In the West disturbing evidence suggests that this balance or rhythm has been upset. Indeed, according to one observer, the very success of capitalism has given birth to cultural forces that threaten its well-being. American sociologist Daniel Bell, in *The Cultural Contradictions of Capitalism* (1976), writes:

> The basic American value pattern emphasized the virtue of achievement, defined as doing and making, and a man displayed his character in the quality of his work. By the 1950s, the pattern of achievement remained, but it had been redefined to emphasize status and taste. The culture was no longer concerned with how to work and achieve, but with how to spend and enjoy. Despite some continuing use of the language of the Protestant ethic, the fact was that by the 1950s American culture had become primarily hedonistic, concerned with play, fun, display, and pleasure — and, typical of things in America, in a compulsive way.[6]

Inescapably, Russians have been swept up in the vortex of the Western world — not as it was or could be, but as it is. Having escaped the quagmire of "scientific socialism," Russia now must face the pitfalls — as surely as it reaps the rewards — of capitalist culture.

Pitfalls are not seen, they are felt. And "the world created by capitalism," as we are reminded by Peter Berger in *The Capitalist Revolution* (1986), "is indeed a 'cold' one. Liberating though it may be, it also involves the individual in countless relations with other people that are based on calculating rationality ('What is this person worth *to me*?'), [are] superficial (the 'personalizations' of salesmanship), and inevitably [are] transient (the very dynamics of the market ensure this)."[7] Such pitfalls bear closer scrutiny.

In stark contrast to socialism, capitalism promotes a high level of friendliness and responsiveness within the marketplace. And that is certainly preferable to a world of surly clerks and inattentive waiters. But it must not be overlooked that the friendliness and consumer interest found in capitalist culture is sometimes a facade for the sake of making more money and advancing one's career.

With the eclipse of small-town life by vast bureaucratic institutions in urban areas, the old virtues of the Protestant work ethic — all aimed at managing oneself — have been succeeded by the art of managing others. In this new climate, the pressures become enormous to win — control and profits — rather than serve. When this happens, workers are reduced to robots, customers to "markets," and all decisions to the "bottom line." And when this happens, the world is not even a safe, let alone inviting, place to live.

A few years before *glasnost* and *perestroika*, a *New York Times* article caught my attention in a special way. It reported that some Russian emigres, after several years in the United States, had decided to return to the Soviet Union. When asked to explain their decision, these individuals responded that they were unable to adjust to the risks and loneliness experienced in a culture that places such a heavy burden upon the individual.

Viscerally, these Russians experienced a fact of modern life that is now certain, with the collapse of socialist collectivism, to follow them back to their homeland: "The fundamental assumption of modernity," writes Daniel Bell, "the thread that has run through Western civilization since the sixteenth century, is that the social unit of society is not the group, the guild, the tribe, or the city, but the person. The Western ideal was the autonomous man who, in becoming self-determining, would achieve freedom."[8]

To be sure, far more Russian emigres have come to the West and remained — western individualism doubtless being more of an attraction, to many of them, than a liability. Still, the question must be asked whether individualism — with its emphasis on individual rights, individual achievement, self-expression, and self-gratification — has become dangerously overplayed in western society.

In his controversial commencement address at Harvard University in 1978, Alexander Solzhenitsyn excoriated the legalistic way of life that has arisen in western society in response to the Cult of Individual Rights: "If one is right from a legal point of view, nothing more is required....Voluntary self-restraint is almost unheard of: everybody strives toward further expansion to the extreme limit of the legal frames....Whenever the tissue of life is woven of legalistic relationships, this creates an atmosphere of spiritual mediocrity that paralyzes man's noblest impulses."[9]

The linkage in the West between personal liberty and the pursuit of happiness is strong — as attested to by the American Declaration of Independence. By the same token, there is a clear linkage between radical individualism (personal liberty gone amuck) and hedonism (the pursuit of pleasure gone amuck). With this in mind, Solzhenitsyn adjured that "it is time, in the West, to defend not so much human rights as human obligations."[10]

For Solzhenitsyn, the answer does not lie in socialism. "Socialism of any type and shade," he says, "leads to a total destruction of the human spirit and to a leveling of mankind into death." At the same time, however, he notes that the argument for unbounded freedom is made along capitalist lines. Even when it is acknowledged that bad things are allowed — the "misuse of liberty for moral violence against young people, such as motion pictures full of pornography, crime and horror," for example — "this is all considered to be part of freedom and to be counter-balanced, in theory, by the young people's right not to look and not to accept." Just as there is a free market for good and necessary things, there is a free market for much that is destructive to body and soul. The result: "Life organized legalistically has thus shown its inability to defend itself against the corrosion of evil."[11]

The Crucible of Restraint

The economic legacy of the American Puritans is by now proverbial. With little in the way of start-up capital, they created a garden in a wilderness, traded heavily in the seven seas, and founded every variety of business needed for a successful commonwealth. Impressive as these achievements may be, they are both explained and dwarfed by the moral and spiritual legacy of Puritanism. While steeped in the practical affairs of this world, the Puritans' sense of obligation to love the world with "weaned affections" bore fruit in an assortment of virtues: *frugality* (saving everything possible for productive investments), *simplicity* (avoiding ostentatious living that could only incite envy), *contentment* (viewing good times and bad with equanimity), *generosity* (founding schools, hospitals, and welfare programs for the poor with a fervor never witnessed before), and *prudence* (insuring as best they could that God's resources were not wasted through carelessness or sloth).

So what was the Puritans' formula for such prosperity commingled with justice and righteousness? John Cotton (1584-1652), the Puritan clergyman who helped found the Massachusetts Bay Colony, gave apt expression to the paradox which both empowered and guided the first American capitalists: "There is another combination of virtues strangely mixed in every lively, holy Christian: and that is, *diligence in worldly business*, and yet *deadness to the world*. Such a mystery as none can read but they that know it."[12]

This is admirable. But what happens over time when small-town life is replaced by large cities and vast megastructures; when the horse and buggy are replaced by cars, the blacksmith shop by the factory, the general store by the department store, the preacher's sermon by the movies, word-of-mouth advertising by the science of marketing, and the pay-as-you-go ethic by the installment plan? Today, in the face of such forces (which can only sap the spiritual and moral vitality from humankind), is it still possible for the virtues essential to a humane economy to be cultivated? If so, how?

There are no easy answers. But there are questions — questions to be applied by the entrepreneur to his daily work: Am I providing a real service through my work? Am I paying my employees enough? Am I charging my customers too much? Am I producing the best product, or supplying the best service, that I can? Am I being fully honest with my clients, customers, and colleagues — even when it costs me some business or profits? Am I interested in the working conditions of my employees? Am I interested in other individuals as persons, and not just instruments to advance my business affairs? Am I giving sufficient time to my family? Am I giving generously enough to others from the blessings I have received? Am I living simply enough? Am I doing enough to help encourage the professional and legal standards needed in today's society?

Such questions take us beyond an academic study of culture or codes of business ethics. Ultimately, the issue of a humane economy is a personal one — and a religious one. As we are reminded by Alexander Pushkin, "Religion created art and literature, in fact, everything that was great in ancient times. Everything is dependent upon the religious feeling...and without it there would have been no philosophy, no poetry, no ethics."[13]

For those who wish to engage in a process of discerning God's will for themselves and all things, the basic moral question has been well stated by ethicist James Gustafson: "What is God enabling and requiring us to be and to do?"[14] The quality of one's answer is dependent upon the heart's desire at any point in time. But simply the resolve to ask the question is to embark upon a new journey.

For many, the first step on this journey may resemble that described by F. Korsakov (pseudonym) in *From Under the Rubble*:

> This path has its beginnings in the extremes of despair, when you have not yet found the Truth but you know you cannot live without it. You give up all else for her, your future, your old ties and relationships, your heartfelt desire for great deeds, and you ask nothing in return — no promises, no proofs, no earthly treasures. You forget your own self, you cease to complain and grieve over your own burdens and failures; instead, you spend all your time cleansing yourself of the filth of subjectivity and pride, of pseudofreedom with all its enslaving temptations, the temptations of the age. Already, without your knowledge, while you are scrabbling on the brink of the abyss and stumbling in the dark, a light, twinkling like a precious stone, has been growing in you. You step across the threshold of the Church as her humble son.[15]

Russia's Special Mission

This private affair described by "Korsakov" — as intimate and personal as any in this life — may seem, at first glance, to be far removed from the public world of business, economics, and culture. But it is precisely here — in the interruption of historical time by the eternal moment — that several of the most renowned observers of modern culture see the only real hope for social transformation. For it is precisely here, in the art of soul craft, that the foundation is laid for strong families, churches, communities, and voluntary associations needed to buffer the depersonalization of big government, big business, and the other megastructures of modern life. And it is precisely in Russia where many of the keenest observers of modern culture think that the greatest hope is to be found for the future of modern civilization:

Alexander Solzhenitsyn: "Should I be asked...whether I would propose the West, such as it is today, as a model to my country, I would frankly have to answer negatively. No, I could not recommend your society as an ideal for the transformation of ours.

Through deep suffering, people in our country have now achieved a spiritual development of such intensity that the Western system in its present state of spiritual exhaustion does not look attractive."[16]

Daniel Bell: "If it is true that what the poet says hearkens toward the future, then in that country where contemporary poetry has had the strongest voice, and expressed the most human anguish — in Soviet Russia — religion would have the strongest flowering in the culture....What religion can restore is the continuity of generations, returning us to the existential predicaments which are the ground of humility and care for others."[17]

Nikolay Berdyayev: "Civilization is created by man in order to free himself from the power of the elemental forces of nature....But very soon man began to oppress man to this end, and the relation of master to slave came into being....Doubt of the justification of civilization has been very characteristic of Russian thought....In opposition to civilized man with all his deficiencies there stands not the natural man but the spiritual man."[18]

Fyodor Dostoyevsky: "Our future lies in Universality, not won by violence, but by the strength derived from our great ideal — the reuniting of all mankind....And, given time, I feel sure that our future generations will all realize and understand that to be a true Russian, means ...to take unto ourselves, in a spirit of brotherly love and harmony, all our brethren, and unite in a spirit of International peace and communion, in accordance with the law of the gospel of Christ....Our land may not flourish, but this poor land 'Christ traversed with blessing, in the garb of a serf.' Should we, then, not content ourselves with His word? Was not He Himself born in a manger?"[19]

As those in the West look toward the East with new interest, they will be alert to Russia's many treasures — gold, oil, and minerals being but the most palpable. But could it be that the greatest of Russia's treasures are those invisible qualities that have been forged on the anvil of human history?

Perhaps there is no better summary of Russia's mission in this world than that of the nineteenth-century philosopher Konstantin Leontyev: "We are destined to give the world vivid examples of the lunacy to which the spirit of present-day enlightenment can bring people — but we also have a duty to discover the strongest possible antidote to this spirit."[20]

Vivid symbols of both that lunacy and its most powerful antidote can be seen today on Red Square. At center stage is Lenin's Tomb, with soldiers doing their solemn goose step in the hourly changing-of-the-guard ceremony. This, however, will end with the removal of Lenin's corpse. Meanwhile, on the Northeast corner of Red Square, a very different image is to be seen. There a little wooden chapel has been placed in front of a construction site, where the historic Kazan Cathedral, destroyed by Stalin three centuries after it was built, is being re-built. So Lenin is on his way out and this old church, just beyond the Kremlin Wall, is on its way back. Inside the open-air chapel, in full view of the public, people contribute their rubles to the reconstruction of this church, and offer prayers before an icon bearing the image of the Madonna and Child. Peering in the direction of Lenin's Tomb, his right hand raised, the Child blesses the people on Red Square.

Notes

[1]The quotations are from Max Hayward's Introduction to Alexander Solzhenitsyn, et al., *From Under the Rubble* (Boston: Little, Brown and Company, Inc., 1975), viii.

[2]Karl Marx, *Selected Works*, ed. V. Adoratsky (Moscow: The Cooperative Publishing Society, 1935), 1: 210; quoted in Daniel Bell, *The Cultural Contradictions of Capitalism* (New York: Basic Books, 1976), 16-17.

[3]Quoted in Paul F. Scotchmer, "On Human Robots, Yuppies & the Meaning of Work in America," *New Oxford Review* (July-August 1987), 14.

[4]John Cournos, ed., *A Treasury of Classic Russian Literature* (New York: Coward-McCann, 1943); Capricorn edition (New York: Capricorn Books, 1962), 25.

[5]Alexander Zaichenko, "Coming Out From the Shadows," *Business in the USSR*, no. 2 (June 1990): 41.

[6]Bell, *Contradictions of Capitalism*, 70.

[7]Peter L. Berger, *The Capitalist Revolution* (New York: Basic Books, 1986), 133.

[8]Bell, *Contradictions of Capitalism*, 16.

[9]Alexander Solzhenitsyn, *A World Split Apart* (New York: Harper & Row, 1978), 17-19.

[10]Ibid., 21.

[11]Ibid., 33, 21.

[12]Perry Miller, ed., *The American Puritans: Their Prose and Poetry* (Garden City, NJ: Doubleday & Co., Anchor Books, 1956), 171-172. Italics added.

[13]Cournos, *Treasury*, 34.

[14]James M. Gustafson, *Ethics from a Theocentric Perspective* (Chicago: University of Chicago Press, 1981-84), 1: 327.

[15]Solzhenitsyn, *From Under the Rubble*, 165.

[16]Solzhenitsyn, *A World Split Apart*, 33-35.

[17]Bell, *Contradictions of Capitalism*, 29-30.

[18]Nikolay Berdyayev, *Slavery and Freedom* (New York: Charles Scribner's Sons, 1944), 117-19.

[19]Fyodor Dostoyevsky, "The Mission of Russia" (Speech delivered before the Society of Lovers of Russian Literature, Moscow, 8 June 1880) in Cournos, *Treasury*, 12-13.

[20]Quoted in Vadim Borisov's insightful essay on "Personality and National Awareness," Solzhenitsyn, *From Under the Rubble*, 228.

THE BENEFITS OF
ETHICAL BUSINESS

Coming Out From the Shadows

Alexander Zaichenko

If all the laws and regulations existing in the USSR were obeyed to the letter, not a single factory would be able to operate, and the whole economic mechanism would grind to a halt. Following this logic, the whole Soviet economy is in fact a shadow economy, since it functions not in accordance with, but contrary to, official decrees. Even when examined more closely, the shadow economy operates on a scale unprecedented in history.

It is perhaps better to approach this sector using the criterion of "degree of criminality." Then one can discover a whole range of hues of violations of the law, ranging from light gray (possibly innocent unauthorized barter deals and false figures to prove the plan was fulfilled), to pitch-black (crimes catering to human vices, drug trafficking, robbery etc.). Admittedly, the boundaries are not clear-cut....

This black economy caters to practically all human weaknesses — swindlers, prostitutes, drug addicts. It includes theft, burglaries, and clandestine operations in hard currency. Bribery has a special place in this spectrum. This type of economic activity serves all the other sectors of the parallel economy.

As in any other economic system, the shadow economy is characterized by all the cycles and stages of reproduction, including production, distribution, consumption, and accumulation. The super-monopoly of ownership and power in the USSR, severe restrictions, and the difficulty of concealing a small unauthorized

Alexander Zaichenko (Candidate, Doctorate in Economics) was formerly Consultant of the USSR Council of Ministers' State Commission for Economic Reform. Dr. Zaichenko serves as Director of the Business and Market Program and the Business Center of Christian Values for the Academy of National Economy (Moscow) and as President of the Association of Christians in Business in the USSR. He has a keen professional and personal interest in the role of ethics in economic life. His findings have been reported in The Wall Street Journal, Time Magazine, Report on the USSR, *and* Business in the USSR. *This excerpt is from* Business in the USSR *(June 1990): 40-41, and is used by permission of Delovie Lyudi (publisher) and author.*

business, have resulted in very slow development of the shadow manufacturing industry. But the sphere of distribution and redistribution is represented by a powerful conglomerate of all sorts of intermediary groups — speculators and thieves, and embezzlers of state, communal and personal property. Bribe-takers of all ranks can be found at the top. The monopoly of ownership, and the absence of any competition, particularly in the retail trade, is a prerequisite for their existence and their prosperity....

World-wide experience, including that in Eastern Europe, has shown that 90 percent of a shadow economy's operations can be removed quite quickly by taking measures to create a market. And the enormous number of unauthorized operations of state-appointed managers can be liquidated practically at a stroke by abolishing centralized planning and the monopoly of state ownership.

As for fighting other, really criminal acts taking place in the national economy, this may not simply involve denationalization of state property, but may require maintaining it at a level up to 30 percent of the cost of all fixed assets. This figure could vary from industry to industry. Experience in the rest of the world has shown that a larger share would lead not only to a rapid decline in economic efficiency, but also to a growing number of economic offenses. Another prerequisite for coming out of the shadows is not simply anti-monopoly legislation, but also an effective system of local self-government to carry it out. Bankruptcy and liquidation of enterprises should be allowed, and security provided for the unemployed. It is very important not to rely too much on the program of denationalization for collective and cooperative property, particularly leasing. Experience abroad indicates that leasing of enterprises on a large scale is not very productive, and also breeds crime.

Recent practical steps taken in Poland have proven that the sector of the shadow economy which annoys the public most of all is speculation and manipulation of the distribution of goods. This can be eliminated with surprising ease, again through a free market. Unfortunately, this experience is as yet unsuitable for the USSR, because the share of industry producing consumer goods is extremely low in the GNP, even compared to Poland....

Below are several recommendations, which could make the Soviet economic system look "brighter."

1. It is necessary to abandon the "confiscation" system of taxation of industrial enterprises. If the total profits tax exceeds 40

percent, economic regulations are replaced by the old feudal network of dues, which pushes the producers back into the shadow sector.

2. The rehabilitation of underworld operators should be treated with great care. The fortunes made by dishonest means, particularly in the sphere of distribution, that is the retail trade, cannot be pardoned without reservation. Such a situation could lead to a future class of entrepreneurs acquiring an unfavorable "heredity," orientated towards mafia-type ways of doing business, instead of gentlemanly behavior.

3. The difficult but urgent job of establishing standards of honesty and respectability in business, without which an effective market is impossible, should be undertaken....Religion and the church can play an important role. It is very important to understand that it is not the market that forms business ethics, as many think, but a stable universal code of morals which forms ethics, which in turn establish standards for free and honest business. Thus, any "code of honor for businessmen," adopted without accepting universal standards of morals and behavior, will produce as few results as the "code for the builders of communism" set out in the 1960s.

MARKETS AND MORALITY

Peter J. Hill

In terms of sheer ability to provide goods and services, most people would agree that capitalism wins hands down when compared with alternative economic systems such as socialism. Even so, many critics of private property and markets prefer a more socialistic system or at least one that places more power in the hands of the government. They argue that although capitalism delivers the goods in a material sense, it doesn't deliver them morally. That is, capitalism doesn't satisfy certain basic standards of justice.

This [paper]...challenges that position by examining several areas where moral issues weigh in on the side of the marketplace. This is not an argument that a society based on free markets is the same as a moral society; people can behave morally or immorally in a free market system just as they can in other systems. However, capitalism does have a number of moral strengths that are lacking in other economic systems.

Capitalism Defined

Although the "market" is often considered an alternative to central planning or state ownership of the means of production, it is not a rigid institutional order like socialism or communism. What we call capitalism or a free-market society is a society based upon private property rights. Individuals may own, buy, and sell property (including their own labor) if they do not do so fraudulently, and they are free to do what they want with their property as long as they do not harm others. Individuals may decide to exchange their property with others, thereby creating a market. This market process is not mandated by anybody and requires only a well-

Peter J. Hill (PhD, Economics, University of Chicago) is George F. Bennett Professor of Economics, Wheaton College. Formerly of Montana State University, Dr. Hill is a highly regarded speaker, author, and consultant specializing in issues relating to market economies and private property. This excerpt is taken from Political Economy Research Center Viewpoints 4 (January/February 1988): 1-6 , *and used by permission of the publisher and author.*

defined and enforced system of private property rights in order to exist.

Inherent in capitalism is the ability to: provide freedom of choice, encourage cooperation, provide accountability, create wealth for large numbers of people, and limit the exercise of excessive power.

Freedom of Choice

A market system assumes very little about the ideal way to organize economic life. Other societies may mandate cooperatives, or communes, or cottage industries, or they may prohibit them. But a system of private property offers a wide range of possible forms of organization. If cooperatives are desirable, they can be used; but other forms for organizing production are also permissible. And, in fact, the individual who wishes to ignore the market or construct alternative institutional arrangements is perfectly free to do so.

Throughout history certain groups have chosen to operate largely outside the market. One such group, the Hutterites, lives in the northern Great Plains of the United States and Canada. The more than 200 Hutterite agricultural colonies have been remarkably successful in maintaining their identity and expanding their population. Yet they are far from capitalistic. All property within the Hutterite colony, except the most basic personal items, is owned in common. All income is shared equally within the colony, and no wages are paid for labor.

The Hutterites were able to establish their colonies without prior approval from anyone in society. No committee, government agency, or group of well-meaning citizens had to meet and decide if the Hutterite life-style should be allowed. The freedom to choose such alternatives is unique to a free-market society.

In contrast, a centrally planned society does not grant freedom to those who want to engage in market transactions. It limits voluntary trade in the interest of some other goal, and undoubtedly would constrain groups like the Hutterites if the people in power disliked the Hutterites' form of organization.

Cooperation Versus Conflict

A free-market, private-property system usually is labeled competitive. Yet one of the major advantages of the market system is that it encourages cooperation rather than mere competition. Competition does exist in a market-based system, but competition is prevalent in any society in which scarcity exists.

In the marketplace successful competitors cooperate with, or satisfy, others in the society. In order to succeed in a private property system, individuals must offer a "better deal" than their competitors. They cannot coerce people to buy their products or services. They must focus their creative impulses and energy on figuring out ways to satisfy others. The person who does this best is the one who succeeds in the market. Thus, participants in a market economy — buyers and sellers — continually look for areas of agreement where they can get along, rather than concentrating unproductively on the areas of disagreement....

Consider the decision to be vegetarian or carnivorous. There are individuals who feel every bit as strongly about this issue as those involved in the origins-of-mankind debate. Nevertheless, there is little chance that a decision about diet will generate public controversy. Diet is not determined by a collective decision-making process, so people can interact rather peacefully about it. The person who believes that avoiding meat is healthier or morally correct can pursue such a diet without arguing with the meat eater. Advocates of a meat diet can find producers and grocery stores eager to satisfy their desires. In fact, vegetarians and meat eaters can shop at the same stores, pushing their carts past each other with no conflict. It is the absence of collective decision-making that permits this peaceful proximity.

The social harmony that results from a market order should be of great interest to those concerned with moral issues. People of very different cultures, values, and world views can live together without rancor under a system of private rights and markets. A market order requires only minimal agreement on personal goals or social end-states.

In contrast, alternative institutional orders are more orientated towards centrally determined goals. The very existence of such orders requires a more general agreement on what is "good" for society. A centrally planned system not relying on willing exchange of work for pay must direct individuals to labor to achieve certain ends, and those ends are not necessarily the same as workers or consumers would choose freely....

Accountability

Another reason that a system based on private property rights encourages social harmony is that it holds people accountable for what they do to others. Under a private property regime, a person who injures another or damages another's property is responsible for the damages, and courts enforce this responsibility. The mere knowledge that damage must be paid for leads people to act carefully and responsibly. When people are accountable for their actions, individual freedom can be allowed.

In contrast, a centrally planned system holds individuals far less accountable. Although in theory the government is charged with enforcing people's rights, those rights are ill-defined and the government can and does respond to the wishes of powerful people with regard for the rights or wishes of the powerless. Even in democracies, if government has the power to grant favors, powerful groups try to use the government to take what they want. What they take may have been worth far more to those from whom it was taken.

Zero-Sum Versus Positive-Sum Views of the World

Many objections to private property hinge on income distribution. Well-intentioned people often think that it is unfair for some to live in luxury while others have very little. I am sympathetic to the view that the affluent are morally obligated to share their wealth with those who have less. But that doesn't mean that the state is the appropriate agency for such redistribution.

A significant number of people who object to the relative position of the wealthy do so because of a basic misapprehension about where wealth comes from. They believe that those who live in luxury do so at the expense of others who live in poverty. In general this is not true.

The world is not zero-sum. That is, the wealth of the world is not limited so that it has to be divided up among everybody, with some people getting more and others getting less. While wealth can be obtained by taking it from others, wealth also can be created by properly motivated human action. When that happens, wealth represents a net addition to the well-being of a society. The significant increases in per capita wealth since the Industrial Revolution have come about primarily through the creation of wealth, not by taking from others.

Under a set of well-defined and enforced property rights, the *only* transactions people engage in are "positive-sum" or wealth-creating transactions, those that occur because all parties to the transaction believe they will be better off as a result. In a society where people have secure rights to their property, they will exchange property only voluntarily, and they will do so only when they see the potential for improving their situation. The people they are dealing with will do the same — engage in transactions only when they expect to be better off as a result.

A zero-sum world, where one accumulates more wealth solely by decreasing the wealth of others, occurs only in the *absence* of property rights. In such a world people — either by themselves as brigands and thieves or through the use of governmental power — can obtain command over resources without obtaining the consent of the owners of the resources....

Moreover, under a private property system that relies on the market process, net additions to wealth roughly reflect how much one has added to the wealth of *other* people. In a market system, the only way to become wealthy is to please others, and the way to become *very* wealthy is to please the masses. Henry Ford catered to the masses with his automobile, satisfying their need for relatively cheap transportation, and he became immensely wealthy. In contrast, Henry Royce chose to serve only those with high incomes by producing an expensive automobile, and he did not become nearly as rich. To penalize people who carry out actions like Henry Ford's by forcibly taking large amounts of their income seems perverse....

Ironically, the view that the world is zero-sum often makes conditions worse. Proponents of the zero-sum view usually favor large-scale political reallocation of rights. Such reallocation encourages, indeed requires, that everybody enter the fray....When government has the ability to hand out numerous favors, many citizens compete for those favors, while others lobby vigorously to retain their assets. Typically, the net result is less wealth remaining after reallocation than before reallocation.

Power

The gravest injustices in the history of mankind have occurred when some people have had excessive power over others. This power sometimes has been economic and at other times political, but in either case the ability to control others' choices has caused enormous suffering. What sorts of institutions best fragment power and prevent some people from holding too much sway over the lives of others?

This question must be answered in the context of a realistic understanding of how the world operates. Whatever institutional arrangements exist, some people will be more powerful than others.

The relevant issue is not what set of rules keeps people from having *any* control over others, but rather what institutions best limit the accumulation of power.

History is replete with examples of the misuse of coercive power in the hands of the state. One should therefore be suspicious of institutional arrangements that rely upon massive concentrations of power in the hands of the state, even though the stated goal is to correct for injustices in the private economy. Societies without private property rights concentrate large amounts of power in the hands of a few, and that power traditionally has been badly abused.

A strong case can be made for an institutional order under which the state enforces clearly defined rules that keep people from imposing costs on others without their consent, but one in which the state is also limited in terms of the costs it can impose on individuals. A society where the government is responsible for defining and enforcing property rights, but where its role is also constitutionally limited, represents a viable combination. Such a system fragments power and restrains people from imposing costs on others without their consent.

Conclusion

A private-property, market system has much to recommend it. A system is more moral if it holds individuals accountable for their actions and encourages them to help others than if it allows them to impose costs on others without their consent.

This is not to argue that a market system can serve as a replacement for a society in which people act on the basis of moral conscience. Individual morality certainly will enhance capitalism, as it would any system. Honesty, compassion, and empathy make our world more livable whatever the institutional arrangement. Capitalism is not inimical to these qualities. When alternative economic systems are evaluated within a moral framework, sound reasons emerge for favoring private property rights and markets. Markets and morality can serve as useful complements in maintaining a just society.

Economics and Morality: Report of a Working Group

Paul Marshall

Economics, Attitudes, and Morality

Few, if any, would want to assert that economic development is solely a matter of appropriate personal characteristics. At the same time, however, it is becoming clear that any discussion of economic development which does not address personal attitudes and behavior is one-sided if not actually futile. Any change toward decentralized economic decision making and the use of market mechanisms requires people who will actually fill the new economic roles in a fruitful way. Some of this will be almost automatic as some people will take up opportunities that they have long sought but which previously have been restricted. Other changes such as those involved in entrepreneurship, independent management, and self-disciplined work habits, call for acquired skills and habits, and beyond them — morality.

This can be illustrated in the notion of *credit*, something which is vital to the smooth functioning of markets. It means the practice of extending loans and the amount that can be loaned to any particular person or enterprise. It also means believability or trustworthiness (from the Latin *credo*). These two senses are intimately related. A person who has proved trustworthy may be given credit. One who has not lacks credibility. This means that trust lies at the heart of extended markets. If people cannot trust others or show themselves trustworthy then transactions will be limited to those where cash and goods can be put up front, which invariably limits them to short-term goals....

Reports from many observers including, most importantly, from Soviet citizens themselves, indicate that personal factors are a

Dr. Paul Marshall (PhD, Political Science, York University, Toronto, Ontario, Canada) is Senior Member in Political Theory at the Institute for Christian Studies in Toronto. For the 1991-92 academic year, he was appointed the sixteenth J. Omar Good Distinguished Visiting Professor of Evangelical Christianity at Juniata College, Huntingdon, Pennsylvania. He has written, co-authored , or edited five books and over 100 articles on theology and political science. This unpublished paper was presented 28 January 1991, and is used by permission of the author.

major barrier to economic reform. Hence personal changes can in turn be an important factor in such reform. Essentially this aspect of the problem stems from the fact that after decades of a command economy Soviet citizens have had little or no experience with direct responsibility for economic life. The demand was to carry out the orders given by a higher authority. But a market economy takes its "orders" immediately from the actual circumstances — what is in short supply, in surplus, what raw materials are available, what skills and resources are at hand, what the costs would be compared to the costs of other suppliers. We need to know how to read these signals. We must also be able to respond to them — to make calculations and decisions, and then act upon them. Similar constraints apply to new environments for consumption.

These personal factors involve new skills, but also new moral requirements....These are some of the values which are vital to the development of a prosperous economy in a country which has had a "command economy" for decades.

Values for a Free Economy

The values we suggest can be clustered in four areas: integrity, liberty, creativity, and responsibility.

Integrity

Integrity points to the virtues of solidity and reliability. A person with integrity can be relied on to do what is right even in changing circumstances. Their direction comes from within rather than from prevailing conditions. It involves truthfulness — that what we say can be trusted and what we commit ourselves to we will do. This allows others to make their own wider economic decisions based not only on what we have done but on what we say we will do in the future. Integrity also involves honesty — that we will take only what is ours and that we can be entrusted safely with what belongs to others. This allows us and others to divert energy away from protecting property toward making fruitful use of it. Finally, integrity involves self-discipline. We will work hard even if not watched. This allows us to accept and give responsibility without always being commanded.

Liberty

Liberty is not only something to receive but also to practice. There can be safety in following orders, but liberty means we must decide our own path. This requires judgment to know what that path should be. It also needs a sense of empowerment — that we can in fact make decisions, and good decisions, that will shape our own and other people's lives. This means seeing the world not only as threatening but as an opportunity — as something which is open to being shaped. It calls for an openness to change, accepting the fact that our present situations are not permanent and should not be clung to. The things that will change are not only bad things, but also things we have cherished and in which we have found comfort. Liberty requires an openness to the future and the willingness to face what it will bring. If the future brings failure, then if we are free, we will not collapse but start again.

Creativity

If liberty requires an openness to change and the knowledge that *we* can make changes, then creativity calls for imagining possibilities of change. It requires a type of playfulness to dream up and try out options — to see how people might work and interrelate in different ways, to grasp how alternative means can produce the same results, to discern where there is a need, to conceive of how different things can be put together to meet that need. A genuine entrepreneur is one who takes diverse things and puts them together. It is a creative art.

Responsibility

There are many dimensions to responsibility in economic life; they are centered around our willingness to face the consequences of the situation we are in, particularly the consequences of our own actions. This leads us not to blame someone else for what has happened, nor merely to wait for someone else to deal with the problem. It also calls us to let other people have their own responsibility. This means that we should not denigrate their achievements, whether they are apparently doing better or worse than we are, and that we do not try to pull them down just because they have more or less than we do. Finally it means that we should not merely rely on the authorities to address social needs but try to address them ourselves. We need to take whatever actions we can to support the community and, in particular, to meet the needs of those who are poor.

CORPORATE ETHICS:
A PRIME BUSINESS ASSET

The question of ethics in business conduct has become one of the most challenging issues confronting the corporate community in this era....One manifestation has been the widespread development of codes of ethics (or conduct) and statements of values in business organizations. More recently, there have been two further manifest results: first, increasing open discussion among corporate executives about issues of ethics and how to deal with them, and second, creative efforts toward effective implementation and institutional support for ethics policy to ensure ethical action....

With regard to corporate ethics, no point emerges more clearly than the crucial role of top management. To achieve results, the Chief Executive Officer and those around the CEO need to be openly and strongly committed to ethical conduct, and give constant leadership in tending and renewing the values of the organization. Companies find it necessary to communicate that commitment in a wide variety of ways — in directives, policy statements, speeches, company publications, and especially in actions.

One of the myths about business is that there is a contradiction between ethics and profits....[In fact,] a good reputation for fair and honest business is a prime corporate asset that all employees should nurture with the greatest care....

Companies take different approaches to establishing sound principles upon which they base corporate conduct. Some, with long and largely unwritten traditions of integrity, rely on a relatively informal approach. Others have codes that spell out requirements in great detail. The general and growing approach is to set forth principles of conduct for the whole organization in some form of written documents.

Whatever they are called, these documents exemplify the root meaning of ethics — good customs and character. The importance of a "code" is two-fold: first, it clarifies company expectations of employee conduct in various situations and second, it makes clear that the company intends and expects its personnel to recognize

This excerpt is taken from a report by the same title published by Business Roundtable (February 1988): 4–6, 9, and is used by permission of Business Roundtable.

the ethical dimensions of corporate policies and actions. When people are affected, when interests collide and choices must be made between values, ethical considerations are at stake. That means nearly all the time for people in business.

While the areas covered in codes and standards vary from one industry to another, a general list of topics covered includes:

- Fundamental Honesty and Adherence to the Law
- Product Safety and Quality
- Health and Safety in the Workplace
- Conflicts of Interest
- Employment Practices
- Fairness in Selling/Marketing Practices
- Financial Reporting
- Supplier Relationships
- Pricing, Billing, and Contracting
- Trading in Securities/Using Inside Information
- Payments to Obtain Business
- Acquiring and Using Information about Others
- Security
- Political Activities
- Protection of the Environment
- Intellectual Property

In the growing movement among major U.S. corporations to develop and refine mechanisms to make their ethics effective, there are two interrelated purposes:

- First, there is the aim to ensure compliance with company standards of conduct. At work is the realization that human consciences are fragile and need the support of institutions.
- Second, there is the growing conviction that strong corporate culture and ethics are a vital strategic key to survival and profitability in a highly competitive era....

Corporate ethics programs are not mounted primarily to improve the reputation of business. Instead, many executives believe that a culture in which ethical concern permeates the whole organization is necessary to the self-interest of the company. This is required, they feel, if the company is to be able to maintain profitability and develop the necessary competitiveness for effective performance....There is no conflict between ethical practices and acceptable profits. Indeed, the first is a necessary precondition for the second. Sound values, purposes, and practices are the basis for long-range achievement.

INTEGRITY IN PRACTICE

RESPECT FOR TRUTHFULNESS

Lewis B. Smedes

"Thou Shalt Not Bear False Witness"

In this commandment, the Lord God bans lying — a poisoner of human communication, a destroyer of trust, and a dehumanizer of our neighbors. Lying breaks the tissue of faith that holds every human community together. Lies diminish everyone we deceive because by lying we treat persons as if they had no right to share in the mutual trust without which we cannot be human together. In marriage and commerce, in politics and law, everywhere people must trust each other, lying casts doubt on the survival of humane and civilized relationships. When we haggle over the sale of a used car, tell a dying child his real condition, whisper promises into a lover's ear, or negotiate an arms treaty, we are bound by the primal duty of truthfulness....

Deceiving Our Neighbors

I lie whenever I intend to deceive my neighbor. Deception is the heart of all lies. There are two currents flowing in every lie: one between my mind and my message and one between my message and my neighbor. I lie when I purposely corrupt the current between my message and my neighbor. "Message" includes all the ways we express ourselves — gestures, symbols, facial movements, and silences. All are "words" that carry thoughts to the haven of a neighbor's mind. The key to lying is an intention to deceive a neighbor with our "words."

Of course, a person may not be lying when his words are untrue. He may be mistaken or deceived or merely ignorant. Nor is a person necessarily lying when a listener is misled. The fault may be with a listener who wants to misconstrue or is not able to understand what is said. We can also lie when our words are true to fact.

Lewis Smedes is Professor of Theology and Integration, Fuller Theological Seminary, Pasadena, California. He is a frequent lecturer and the author of the best-selling Forgive and Forget *(1984) and* Mere Morality *(Grand Rapids, Mich.: Eerdmans, 1983) , from which this excerpt was taken by permission of the publisher and author.*

Penny Baxter shows how. He wanted — in *The Yearling* — to get rid of a worthless bear dog he had. So he set out to trade the dog to Lenn Forrester. In that country, a man was expected to brag about his hunting dog, stringing out his hunting prowess on a line of lies. The more you bragged, the more everybody knew you were lying. Penny brought his dog to Lenn's place and said: "He ain't wuth a good twist o' t'bacey. ...Sorriest bear dog I ever...followered."

Lenn perked up: "I never heered a man run down his own dog that-a-way." Next day, Lenn carried a fine shotgun over to Penny Baxter's house. "Don't argue with me. When I want a dog, I want a dog. Take the gun for him or by God, I'll come and steal him." So the trade was made. Penny got rid of his dog and made a good deal. But his conscience began to flutter.

His son reassured him: "You told the truth, Pa."

"Yes," said Penny, "my words was straight, but my intention was as crooked as the Ocklawaha River."

We can err without lying, and we can lie without erring. The crux is in the intent. Words we aim at a neighbor's mind with a deceiving intent are lying words. Deliberate masking of the mind — this is the lie that is prohibited by the commandment....

Truthfulness for the Sake of the Neighbor

The character of human community is a root reason God commands us to be truthful. Speaking of the church, which is meant to be the model of community life, Paul makes it quite clear: "Therefore, putting away falsehood, let everyone speak the truth with his neighbor, for we are members one of another" (Ephesians 4:25). The reason for truthfulness lies in our relationship with one another. Our neighbor deserves the truth from us as a fellow-member of our community.

Imagine a society in which no one trusted another to keep a promise, in which every leader was expected to lie as a matter of course, in which every teacher was suspected as an academic cheat and every preacher a moral fraud, in which contracts were expected to be honored only when they paid well and a friend's word was no better than a cigarette advertisement. No person in such a society could ever confide in a friend or seek help from a counselor. No partner could ever bank on the loyalty of another. No one could make decisions in assurance of having the facts in hand. No one could be certain of his neighbor's next move. Life would be brutalized. Without trust, we change from a community to a pack, from a society to a gang....

How to be Truthful in the Conflicts of Life

While the Ninth Commandment is rooted in the thesis that human community dies without truthfulness and that lying hurts people, life gives seductive hints that individuals are sometimes better off with a little bit of lying. Can we respect truthfulness and also concede that now and then it is right and good to tell a lie? And if we grant the possibility of justified lying, can we find guidelines to help us recognize a good lie when we hear it?....

Let us begin by identifying four categories of lies of which we tend to think rather well, which we commonly tell, and which are generally tolerated by others. One test of a justified lie, then, may be whether it fits any of these categories.

The "Harmless Lie"

Some lies merely oil the bearings of social relationships. We use them to reduce the friction in our rubbing against other people. They smooth the wrinkles in our social fabric.

1. *Polite lies.* A woman is invited to a party she does not want to attend. She responds: "I'd love to come, but I am engaged on the 15th." A crude guest leaves after an insufferable visit; his hostess says to him: "We do look forward to seeing you again." A person begins a letter to a man he despises, "Dear Ralph," and ends it, "Cordially yours." All of this deception is well meant, not to deceive a neighbor, but only to keep unpleasantness from becoming impolite.

2. *Euphemisms.* In a world of rough-edged reality, we like to soften the corners with words that do not cut so easily into the flesh. We "terminate a pregnancy" instead of "kill a fetus." We have "meaningful relationships" instead of "commit adultery." Pornographers cover up the ugliness of their business by calling their shops "adult bookstores." And, of course, the ultimate euphemism was calling the Nazi killing of six million Jews "the final solution." One could argue that euphemisms are not really lies but, as Mary Poppins sang, the "spoonful of sugar" that "helps the medicine go down."

3. *Exaggerations.* We often inflate our words, not to hurt anybody, but to make them feel better and, maybe, to spice up our own conversation. An average woman becomes a "beautiful person." An ordinary sermon becomes an "inspiration." Someone tries rather hard and he is credited with an "incredible effort."....

4. *Glosses.* When we put a little phony luster on an ugly reality, or pull a false cover over a wretched fact, we are glossing. Uncle

Joe is a lush; but Father tells the children: "Uncle Joe is lonely and once in a while he drinks too much." The company has suffered disastrous losses; but the president tells the stockholders: "The company is in good shape after some seasonal reverses."....

The Harm of "Harmless Lies"

Are "white lies" really harmless? Are they *as a class*, spread through our communication, lies that do not hurt anyone? And, if they might hurt somebody, is the total harm they do to the human community less than the harm that the plain truth would do?....

1. *Erosion of our "sense of truthfulness."* The person who uses the harmless lie as an escape route from every uncomfortable conversation can soon become addicted to lying. If you always try to make people around you feel good by exaggerated praise, if you always soothe anger by glossing over whatever it was that made you angry, if you always rescue yourself from socially tight situations by lying about your feelings, you are likely to develop a habit and you risk losing your feel for being truthful....

2. *Evasion of reality.* The "white lie" is to communication what Valium is to stress. Used in emergencies, they might be detours around trouble we are not equipped to cope with today. But as a habit, they both become patterns of evasion. We use them, not to give us time to catch our breath so that we can confront trouble tomorrow, but to live as though trouble did not trouble us....

3. *Moral handcuffing.* The "white lie" ties the deceived person down to the lie and prevents him from a free response to reality. Preventing a small pain for now, the "white lie" often causes more pain later on. A writer gets a manuscript back from a publisher with the gentle lie: "Your work is too sophisticated for our readers." The "white lie" is just enough of a bromide to discourage the writer from the painful job of rewriting a boring book....

4. *Nurture of cynicism.* The white lie as a way of life gradually creates cynicism in both liar and deceived. Gradually nobody trusts the other to tell the truth. When we have told "white lies" often enough we assume that others do the same to us. The game of life, we assume, calls for both people in a conversation to be gentle liars. But does it stop there? Once you assume that I lie in polite circles, can you trust me in business or politics?

Not that every white lie is an evil thing. But the burden of proof in justifying the "harmless lie" is on the one telling the lie, who must show that "white lies" are — as a class of lie — justifiable. I think the effort is doomed to fail. In the long run, truthfulness in social intercourse, occasionally painful as it may be, is better than the evils that heap up from our perpetual festival of the "white lie." The craziness of life may sometimes make them necessary; an overdose may be fatal to the human community.

Lies for Other People's Good

Let us look at various sorts of loving lies. I take only a few typical examples from life, but they may suffice to help us evaluate the argument that a lie told to help people, a loving lie, is a good lie.

1. *Lies to protect our equals.* An incompetent colleague, professionally marginal but a fine character, would not be promoted if we told our supervisor what we knew about him. So we lie for him, not grandly, just enough to get him by....

2. *Lies to protect our lessers.* People in power often think that ordinary people cannot cope with the truth. So they lie in order to protect us. They act as our parents who decide when their children are ready for the truth about life....Political leaders tell lies for the good of multitudes. They "know" that the little people cannot be trusted with the truth...."Noble lies" seem at the time to be absolutely necessary for the good of the little folk. But, high-minded as they are, lying leaders are deciding for the rest of us when we may know the truth....

3. *Lies to protect the suffering.* Few people enjoy the superiority over people that a doctor does over his patient. Doctors take an oath to relieve suffering; surely, any doctor may guess, obeying the oath comes before petty scruples about truthfulness. So the physician decides whether the sick and dying patient will be told the truth about his condition....

The Damage Done by Benevolent Lies

1. *Benevolent lying demeans the people deceived.* First, it casts the deceived in infantile roles. Somebody else is deciding for them when they are strong enough to bear up under the truth and when they ought to be deceived.

Second, benevolent lying robs the deceived of their right to truth. Someone else has decided that people who are mere citizens or patients do not have an intrinsic right to trust people to speak truthfully to them.

Third, lying to help someone robs the deceived of freedom. No one can be free who is forced to make decisions on the basis of false or misleading information. People who are lied to for their own political or physical good are, by that lie, being held in bondage.

They cannot make their own response to the bad news about their own reality....

2. *Benevolent lying corrodes the character of the liar.* Few people in our sinful condition can long resist the corrosive effects of patronizing lying. The sheer arrogance of assuming that you have a right to decide when other people should be lied to is morally destructive. No one can play this godlike role for long without thinking that he personally matches the role. The loving liar who begins by lying only in an emergency for the other person's good soon comes to believe that he really has the wisdom to know when anyone deserves the truth. Furthermore, people in power have a hard time keeping clear the line between what is good for the public and what is good for the liar. The patronizing politician becomes a liar whenever he needs to lie to cover his own flanks. The patronizing medic begins to tell lies whenever lying helps him escape a painful encounter with his own medical failure. Benevolent lies, habitually told, corrode the character of the patronizing liar.

3. *Benevolent lying breaks community.* Patronizing lies tend, in the long run, to erode the trust people need for common life. Lies told by politicians for the public good eventually create a cynicism about government which pulls people out of participation in democracy. Lies told to help incompetent colleagues survive tend to erode the community's confidence in professional people. Lies told to protect the suffering undermine the trust a community has a right to have in the healing professions....

4. *The good achieved by lying tends to be short-range good.* We lie to spare people pain today; our lying may prevent them from doing something about the cause of pain in the future. We lie to protect our colleagues and friends; but we do not give them a chance to correct their faults, and we foist them instead on unsuspecting victims of their incompetence. Lies are almost always told for today's good without due regard for those who must pick up the pieces tomorrow....

Lies Told to Bad People

The great Dutch jurist Hugo Grotius taught that some people do not have a right to the truth from us. Anyone who has ever had an enemy is comforted by Grotius' version of the just lie. Did Hitler have a right to know the truth about the Allies' plan to invade Europe? No, we say, we must lie to the great liars of the world in order to protect the truth. Or, as Churchill remarked at Yalta, "in wartime...truth is so precious that she should always be attended by a bodyguard of lies."[1]

Were all the lies told to save the Anne Franks of Europe justified on grounds that the Nazis did not deserve the truth? Possibly so. But if you agree, you must face up to some hard questions before you conclude that *all* lies told to unworthy people are justifiable lies. One is this: Who has the right to judge when another person has lost his right to truth? Grotius, for example, believed that children and mentally retarded people had no right to truthfulness. How did he decide that these innocent people should be cut off from the community of truth? What prevents the genius, on the same premise, from deciding that all inferior people lose their right to truth? What prevents a business person from assuming that all tough competitors lose the right to truth? Responsible societies do not trust an elite to separate people who deserve the truth from those who do not. The society that tolerates a lying elite is a society fast turning to a jungle....

Hitlers do arise on the surface of the earth's scum, to be sure, and lies may be necessary to drown them. But when we justify such lies, we must have more to go on than the sheer fact that bad people do not deserve our truth. We cannot live with an ethic that invests every man with the right to decide when the people around him are good enough to deserve truthfulness.

Lies to Save Lives

We finally come down to the issue of lie versus life. This may be a workable test: if I can save another person's life only by telling a lie, I am justified in lying. And, by the law of self-defense, if I may lie to save a neighbor's life, I should be allowed to lie to save my own. In short, when a human life is pitted against truthfulness, let life have the day. Is this a guideline we can trust with everyone, without worry for loss of truthfulness in our world?

We feel confident about lying to save life because we have an undeniable intuition that destroying a human life is far worse than lying. Most of us simply feel that when it comes to life, we may lie boldly and grandly, and without qualms. We do not need an argument; we rely on our primitive sense for what counts....The value of a person's life...is so overwhelming that we should lie when lying has a reasonable chance of actually saving the life. Have we, then, found a safe test for justified lying? I think so. It all depends, of course, on whether our feeling about the priority of life is true. In a world bent out of shape, we must sometimes — though not often — choose; and when we must, we are right to choose life even if it requires a lie....

Surely, there are emergencies that require a white lie or sometimes a falsehood. But we must keep these in the emergency rooms of life. The bias needs to move us toward truthfulness in every situation we enter. Generalized formulas for just lies seldom work; the only one that comes close is the formula of life versus lie — lying in defense of human life. Exceptions must be dealt with in the actual situation that requires them. We will know only as we discern what is going on whether the price of truthfulness is too high to pay.

In another time, perhaps, people could be more flexible and less stringent. In our age when deceit threatens every area of...society, the last word must be: Speak the truth, be the truth, for your truth sets others free.

Notes

[1]Winston Churchill, *The Second World War: Closing the Ring* (Boston: Houghton Mifflin, 1951), 383.

TRUTH TELLING, LYING, AND INTEGRITY

Mark Boyce

The French philosopher, Pascal, said that "the first moral obligation is to think clearly."[1] This is especially true in the attempt to create a new socio-economic order within the former Soviet Union. Wrong ideas about the human person, social relations, or the basis for economic development could have devastating consequences lasting many decades. The peoples of the Soviet Union had to endure the devastating impact of the lie of communism for over 70 years. Moreover, communism helped to nurture a society based on lying as common practice. Economist Abel Aganbegyan has stated that the Soviet Union was "built on years of lying."[2]

Czechoslovakian President Vaclav Havel's comments about the consequences of the lie of communism are illuminating. In his 1990 New Year's address, he stated that "we are living in a ruined moral climate. We have been taken ill morally because we have grown accustomed to say one thing and think another." Havel spoke boldly that he was not appointed to the office to carry on the tradition of lying.[3]

Presently, Eastern Europe and Soviet successor states are attempting to make a transition from a command to a market economy. Most people would agree that a market economy requires some base of integrity and ethical values in order to function properly. It seems clear that pioneering entrepreneurs could have a special role to play in shaping not only the economic, but the spiritual and ethical destiny of the former Soviet Union. If this be the case, what are some of the practical applications and concrete ethical guidelines for entrepreneurs facing the challenge of truth telling?[4]

Mark Boyce (MBA, Harvard; MA, Fuller Theological Seminary) previously was a Marketing Manager for Microsoft, and has recently joined Broadview Associates, a leading merger and acquisitions firm serving the global information technology industry. He is on the Board of Directors for the Soviet Union Network-USA and has extensive cross-cultural experience.

Issues of honesty and lying are inherent in business transactions and must be taken seriously in the development of a market economy. The vital energy of economic systems, it appears, stems at least in part from the energy generated by the moral habits of its peoples. A healthy market economy is not merely a matter of moral habits, but there does seem to be a strong correlation between economic success or failure and the blend of virtues and vices that characterize a population.[5]

If the goal of achieving a Western-style mixed economy is to be successful, it will require a unified and herculean effort on the part of honest entrepreneurs. Unfortunately, most citizens of the former Soviet Union think of *honest entrepreneurs* as an oxymoron, an illogical combination of words. Nevertheless, significant change can occur at the instigation of an influential minority of the population, in this case, entrepreneurs with integrity. Russian economist Leonid Abalkin comments that "to create a real market, deep changes will be needed in the structure of our psychology....All this will require at least ten years, perhaps an entire generation."[6] By the force of their ethical actions and examples, a new breed of entrepreneurs could encourage a healthy moral business environment which would help insure economic success.

To be an entrepreneur in the former Soviet Union is very difficult. The type of free market power that exists today flourishes not because a new breed of honest entrepreneurs has changed the way business is done, but because many deal makers have learned to use *perestroika* to tap the old Soviet system's inertia, devious tricks, complex lies, half-truths, and betrayals. The few young democratic politicians and entrepreneurs who have been successful in wresting power from provincial bureaucratic officials have discovered just how defenseless the free market system is against the country's overall economic and political rot. The battle to be an honest entrepreneur is extremely challenging. Years of disrespect for the truth have colored the atmosphere in which business is conducted.

Atmosphere for a playwright is the collective mood of an audience during a play, but in daily life it can be used to describe the spiritual and moral condition of people based on their history. Understanding how lying in the old Soviet Union contributed to the current atmosphere is important if truth telling is ever to have a chance to be highly prized. One historical factor that has contributed to the current atmosphere is the Stalinist legacy of dishonesty and betrayal. Pervasive distrust is the legacy of Lenin and Stalin and their dogma that whatever benefits Communist Party rule is moral. The Russian word *meshchanstvo* is a multipurpose noun that encompasses all the evils inculcated in Soviet society through decades of dissimulation and double dealing. A *meshchanin* is one who knows how to acquire power through deceit.[7]

Lies have had a special place in the history of communism. Economic data provided by the Kremlin to the Soviet population and to international organizations frequently have been falsified. From the 1930s Stalin mandated that the genetic theories of Trofim Lysenko govern Soviet agriculture. Managers of collective farms faced the choice of two possible lies. They could continue to farm as they always had and lie that they were following Lysenko, or they could accommodate with Lysenkoism and, facing an inevitable decline in production, lie about how much they had produced. What they could not do was say that Lysenko was wrong, because Stalin had decreed that he was right. The current crisis in agriculture has many complex roots but a long-standing pattern of deception certainly plays a critical role.

More recently in 1988 economic planners lauded the opening of the Sivesk Tractor Engine Repair Plant near St. Petersburg as an outstanding achievement. The chairman of the State Committee for Agricultural Technology of the Russian Republic gave great praise for the construction of the plant. *Pravda*, without a firsthand inspection, managed to call the plant "a thing of beauty, the largest in the industry, meeting the needs of all the collective and state farms of the Northwest." However, when a reporter from this newspaper did finally visit the actual plant site, it consisted of nothing more than lumps of cement and broken bricks.

Subsequently, *Pravda* published "The Factory That Wasn't" and reminded readers of the creative lie utilized by Catherine the Great's eighteenth-century courtier Grigory Potemkin who erected false front villages to help convince foreign dignitaries that lands newly conquered from the Turks were well populated and prosperous. According to *Pravda*, work on the factory began in 1974, but slipshod construction and lack of funds resulted in nothing tangible. Instead of admitting failure, the chairman of the State Committee for Agricultural Technology appointed a commission to certify that a plant had been completed. After Moscow officials approved the certification, the state committee members "continued to include the nonexistent plant in their statistical reports, signed false assignments and wrote off sizable losses." When this lie was exposed, some who signed the completion statement said they were pressured to do so; others said that their signatures were forged. The local fire inspector's rationale for signing ran as follows: since "there was no factory, there was nothing there that could catch fire."[8]

Recognizing the burden of pervasive deception in the past, what are some practical guidelines for conducting business with integrity that entrepreneurs could adopt? Eight proven principles are worth serious consideration.

1. Commit to a high code of ethics and high standards of conduct.

Many cooperatives operate on the principle that deceit is the only available method for beating the bureaucracy. Furthermore, the prevailing legal chaos means that no one is ever really sure what is law abiding and what is not. Neither Russian nor American lawyers, whose job it is to understand all the decrees, laws, ordinances, constitutions, codes, and edicts that flow out of republic ministries, congresses, committees, and trade unions can understand completely what is legal and what is illegal. According to Barbara Hillas, an attorney and Soviet legal specialist for the Washington, D.C. law firm of Steptoe & Johnson, "The entire [former] Soviet Union is in confusion and the laws reflect that confusion." Another attorney at the same law firm added that "I don't know the difference between right and wrong because the government has yet to discover the difference."[9]

In light of the fact that tremendous confusion exists as to what is legal today in the former Soviet Union, it makes sense for businesses working there to have a written standard of conduct for their employees.[10] Johnson & Johnson is an American company that has such a written code of ethics. It states in part that:

> We must constantly strive to reduce our costs in order to maintain reasonable prices. Customers' orders must be serviced promptly and accurately. Our suppliers and distributors must have an opportunity to make a fair profit.
>
> We are responsible to our employees....We must respect their dignity and recognize their merit. Compensation must be fair and adequate. We must be mindful of ways to help our employees fulfill their family responsibilities.
>
> We must provide competent management and their actions must be just and ethical. We must make a sound profit. We must experiment with new ideas. Research must be carried on, innovative programs developed and mistakes paid for. When

we operate according to these principles, the stockholders should realize a fair return.[11]

In this document, called the Johnson & Johnson Credo, the company's Chief Executive Officer James Burke defines profit as a result of honesty with customers and public responsiveness. He believes that most of his employees welcome the Credo's emphasis on high ethical standards.

To underscore just how important it is for a manager to be strongly committed to personal integrity, one only need review a survey taken by the Columbia University Graduate School of Business. Over 1500 executives from over 20 countries rated personal ethics and honesty as the *number one* characteristic needed by the ideal chief executive officer. For entrepreneurs in Soviet successor states who want to operate internationally as well as domestically, this quality is absolutely essential.[12] Tom Peters, in *Thriving on Chaos*, cites integrity as the capstone of his forty-five point list of competitive attributes.[13] He argues that to compete successfully in a marketplace economy, one must be honest and demonstrate integrity. Max DePree, chief executive officer of Hermann Miller, Inc., states that

> Leaders owe a covenant to the corporation or institution which is, after all, a group of people. Leaders owe the organization a new reference point for what caring, purposeful, committed people can be in the institutional setting.[14]

2. Guard one's reputation for obtaining continued business: a practical reason for honesty.

In light of the fact that few laws govern the market that is emerging in the former Soviet Union, many contracts are being signed with lawyers elaborating their own rules to cover what is not on the statute books. For example, Russians are signing thousands of contracts, based on short-term agreements for the sale of commodities. In the West, contracts often may be brief because the obligations are clear in laws and in precedent, but in Soviet successor states everything must be spelled out in great detail. Presumably, if both parties are benefiting from the agreement, they will not break the contract. In the current atmosphere of mistrust, however, this means that both parties need to make money almost from day one. Very few people will risk investing without solid contract law. Sergei Alekseyev, chairman of the Interrepublic Research Center on

Private Law, says that "in theory, our courts recognize the enforcement of many contracts, as long as they don't contradict existing laws, but there are cases where contracts are simply not acknowledged."[15]

Armen Kazaryan, a commodities exchange broker, believes the legal weakness of many business agreements underscores the powerful system of trust on which commodity trading is based. Although this system of trust is sometimes violated with buyers reneging on payment, "there is already a blacklist of people with whom we don't deal anymore."[16] Those who have lied or have been dishonest destroy their reputations with other Russians as well as foreigners. The American expression is: "what goes around, comes around." In other words, if entrepreneurs continue to act dishonestly, eventually this pattern of behavior will come back to haunt them because no one will want to do business with them.

3. Develop spiritual faith, patience, and courage as an antidote to fear, desperation, and chaos.

The fear and desperation on Russian streets today has fostered a growing class of young people motivated by nothing more than a desire to amass a lot of money and Western contacts.[17] In view of the economic crisis, many entrepreneurs hope to survive, as 1917 Bolshevik revolutionaries did, by assuming that the end justifies the means. Such an outlook could be disastrous for everyone. It is absolutely crucial to separate the result (making money) from the process (how one decides to pursue goals and objectives). If one takes shortcuts to make money at the expense of honesty, the benefits may be very short-lived.

Some of the deceit and lying found in an organization can be traced to fear and impatience in attaining goals and objectives. One source of impatience is lack of faith. Many in the former Soviet Union are discovering that returning to spiritual faith in God can provide a strong foundation of stability in an environment of perpetual instability.[18] Strong spiritual conviction can provide the justification for a sense of calling and purpose as an entrepreneur. (See also guideline 5.) In fact, many members of the Russian intelligentsia are examining Christian ethical values in reaction to the moral degeneration of life around them. Research conducted in 1989 by Russian sociologist Tatyana Zaslavskaya, showed a tremendous increase in the number of people with spiritual interests.[19] Three terms from Christianity appear over and over among today's Russian writers: spirituality (dukhovnost'), charity (miloserdiye), and repentance (pokayaniye). "It was the writers who sounded the alarm on the spiritual malaise: the political cynicism, corruption, self-glorification, the informer syndrome, alcoholism, erosion of the work ethic and feeling of responsibility, nihilism among youth...acceptance of the lie...."[20]

Faith in God provides a perspective that problems can be managed. Having a larger spiritual perspective on business issues helps one to rise above the current atmosphere of fear and desperation so that one can gain the courage to speak and act truthfully. Courage, which can be nourished by a strong faith, is absolutely essential to being a successful, honest entrepreneur in the Soviet successor states today.

4. Understand the potential higher purpose of being an entrepreneur.

The generation of wealth within a nation comes from the creativity of its entrepreneurs. The multitude of material goods that have made Western life easier in the twentieth century is the fruit of entrepreneurial creativity. American economist Michael Novak defines capitalism as "the system designed to nourish the creativity of the human subject. It is a system centered upon [the] mind....The ordinary name for economic creativity is enterprise." The Latin root word of capitalism is *caput* which means mind.[21] Some Christian thinkers have linked the concept of creativity to the concept of enterprise and initiative. Pope John Paul II describes "personal economic enterprise" as a fundamental human right.[22] Personal economic enterprise can be a moral virtue because an honest entrepreneur is promoting the common good of society by providing needed goods and services.

The virtue of what Novak calls "personal economic enterprise" is essential to a new economic order in Soviet successor states. This God-given capacity for economic creativity may be described not only as a moral virtue, but as an intellectual virtue:

> First of all, like practical wisdom, personal economic enterprise is a capacity for insight. In its first moment, it is the habit of discerning new possibilities. This insight may consist in imagining new products and new services not now available. It may also consist in new, better, or more efficient methods of producing or distributing them. The person of economic enterprise, like the person of practical wisdom, is habitually alert to possibilities for action that those without the habit

commonly overlook. In its second moment, the virtue of enterprise consists in realizing one's creative insights in the world of fact. Just as practical wisdom leads to doing, practical enterprise leads to creating.[23]

As a moral virtue, personal economic enterprise involves working creatively for the common good. As an intellectual virtue, it is an act of discernment. Lastly, it is also a social virtue in that enterprise is relational. Almost every business decision and activity inherently has a relational aspect that involves trust. A financial transaction cannot be completed without the establishment of several mechanisms of trust: negotiators must be trusted to keep their word, prices quoted must bear some relation to prices charged, record-keepers must be relied upon to keep accurate records about what is done by whom and for how much. Product decisions require workers to make assessments of quality and efficiency, which depend on honesty and accuracy. Complex service systems and transactions require efficient teamwork which cannot be achieved without trust and mutual respect. As American sociologist Amitai Etzioni states,

> Trust, of course, is pivotal to the economy, and not merely to social relations, as without it, currency will not be used, saving makes no sense, and transaction costs rise precipitously; in short, it is hard to conceive of a modern economy without a strong element of trust running through it.[24]

Moving beyond the ethics of trust upon which managerial activities depend, it can be seen that managers also make decisions that engender moral outcomes. Most business activities have an impact on other people and are thereby inherently subject to questions about their ultimate good or harm.

5. Understand what truth telling means and why the truth should be told.

Truth telling at its core involves the intention to speak the truth. According to ethicist Lewis Smedes, "being a truthful teller is to be a person who has the intention not to deceive...[so that] your listener will know what is on your mind and in your heart."[25] In contrast, lying is any false statement or piece of information deliberately presented as being true. It is anything meant to deceive or give a wrong impression. Smedes conceives of a truthful person in three ways: existing truthfully, thinking truthfully, and speaking truthfully. These components of being a truth teller build upon the idea explored earlier concerning personal economic enterprise as a virtue.

Existing truthfully entails inner consistency, not pretending to be what one is not. Existing truthfully also means keeping commitments in one's personal and business life. According to Smedes being truthful involves:

> a steady line between what your moral sense of what you ought to do and ought to be and what you try to be and try to do. Consistency...is a matter of intention....A truthful person doesn't mean that you have to achieve perfect consistency, but you have to at least intend it.[26]

The second major part of truth telling involves thinking truthfully, that is, letting reality shape thinking so that the mind is not corrupted by self-deception. If we fool ourselves, if we allow ourselves to fall prey to fanciful ideas of our own importance, or technical expertise, or wealth, or whatever, then we cannot possibly be honest with others.

The third part of truth telling is speaking the truth. As with thinking the truth, intention is all important. Speaking the truth involves being a person who has the intention not to deceive. However, to understand fully the importance of speaking the truth we must answer the question of why truth telling is important. Is it only having the truth as a goal unto itself? Or does deception also harm people? As noted in the previous discussion on the social virtue of personal economic enterprise, speaking the truth fosters trust, which is what makes long-term business activity possible. The Bible commands people to speak the truth to one another because there is no life but life in community. The very basis of community or relationship is trust, and "there is no community without trust, and there is no trust without the implicit understanding that we intend to speak truthfully to each other."[27]

Truth telling works for the entrepreneur because it corresponds to the reality that economic life is inherently social. Exchange makes up the very heart of business activity, and ongoing, profitable exchange is impossible apart from the truth. Perhaps the deepest rationale for why truthfulness is important can be found in the human need for community and in the human right to make responsible decisions.[28]

6. Develop and train conscience as a guide.

Conscience is that inner voice that suggests to us what is right or wrong, regardless of ever-changing standards or laws. It allows people to follow freely and without compulsion a higher law. One's conscience can grow stronger and turn more to God or it can be wounded and, over time, suppressed. Moscow economist Alexander Zaichenko urges the adoption of Christian values as the best hope and foundation for strengthening the conscience which, in turn, can serve as a decision-making guide for entrepreneurs in the former Soviet Union:

> The difficult but urgent job of establishing standards of honesty and respectability in business, without which an effective market is impossible, should be undertaken....Religion and the church can play an important role. It is very important to understand that it is not the market that forms business ethics, as many think, but a stable universal code of morals which forms ethics, which in turn establish standards for free and honest business. Thus, any 'code of honor for business-men,' adopted without accepting universal standards of morals and behavior, will produce as few results as the 'code for the builders of communism' set out in the 1960s.[29]

A healthy conscience will appeal to persons as they contemplate a dishonest action or shading of the truth. It will wrestle with a mixture of impulses, motives, and self-justifications. By judging what we say and how we say it, the conscience can serve as a guide for those wanting to be truth tellers.

7. Accept responsibility for one's actions and statements.

One film in particular captured the Russian public's attention as a challenge to the lies and terror of the Stalinist era. *Repentance*, a powerful surrealist allegory of the nightmare of Stalinism, was produced by the Georgian cinematographer, Tengiz Abuladze. It became, in effect, the cinematic flagship of glasnost. Andrei Smirnov, a Russian film director, says that he agrees with Solzhenitsyn that

> without repentance, we cannot change ourselves or our society. We must feel responsibility for our history. Who was it who made Stalin's terror? It was we — our fathers — and we

must now pay for our fathers' sins. But this is repulsive to most people. They want to blame others. They accuse Jews or someone else. They do not want to accept responsibility.[30]

The lies of the past and their impact upon millions of lives have indeed left a legacy which is very difficult to overcome.[31] Whether applied to society or to individuals, many intellectuals today in the former Soviet Union are realizing that a spiritual understanding of acceptance of responsibility may be the best insurance against the horrors of the past ever being repeated.[32]

8. Be as wise as a serpent and as innocent as a dove.

Presently the transition to a market economy in the former Soviet Union is being undermined by entrepreneurs who exploit new freedoms and continue to play by the old rules of lying and deception. In the final analysis, this hurts them and everyone else. Having done business in the former Soviet Union, this author is aware of the difficulty of operating within the dysfunctional system that exists today, including the burgeoning Mafia. Sociologist Tatayana Zaslavskaya explains that

> The first element of the Mafia is corrupt...governmental officials. The second part is the workers and employees of the retail trade, at every level, who are obliged to pay money to the chain that kicks back to the apparat....The third element of the Mafia is the militia, prosecutors, courts, judges — all the law-enforcement agencies...bought by the trade people. So it is quite impossible to get social justice by appealing to the courts.[33]

As one Russian put it, "if you don't go along with them, they may burn down your restaurant or beat you up."[34]

In such a hostile environment truth telling may seem hopelessly idealistic and unworkable. High ethical standards may appear impractical in an atmosphere where shrewdness, cunning, and exploitative behavior is routine. Is it a case of survival of the fittest — and meanest? Is it a case of being eaten alive as an innocent bystander clinging to naive views about the merits of honesty and integrity? Perhaps a third alternative may work which combines both shrewdness and gentleness. Consider the paradox of the Gospel account where Jesus says to "be shrewd as snakes and innocent as doves."[35] Understanding the meaning of this saying can aid in operating as an honest entrepreneur in the turbulent former Soviet Union.

Jesus is saying that one can choose to be both cunning and innocent. Popular opinion is wrong to assume that a choice has to be made between the two. The word shrewd had very negative connotations for those to whom Jesus spoke. It described people who were crafty and selfish. Shrewd is the same word, in fact, used to describe the snake who deceived Adam and Eve in Genesis, Chapter 3. However, Christ's instructions force a radical reorientation of the ancient and contemporary expectation concerning shrewdness. Jesus is speaking of exercising a wisdom and discernment that in its honesty exhibits more intelligence than the shrewdness of those with evil intent. Incredibly, Jesus is stating that if one wants to be harmless, one also must be shrewd. If one wants to be innocent and known as a truth teller, one must be very cunning. Being shrewd and innocent have a synergistic power when paired together.[36] The following examples may illustrate the point.

In a class called Service Management, students at Harvard Business School study the extraordinary success of a U.S. company called ServiceMaster, based in suburban Chicago, Illinois. The founders of ServiceMaster manage the corporation within a Christian framework by committing themselves to four major objectives: "to honor God in all we do," "to help people develop," "to pursue excellence," and "to grow profitably."[37] The first two goals speak to caring and innocence; the last two speak to shrewdness.

Over 23 years ago another Chicago area company began business collecting garbage. Today, it is a multinational company employing almost 40,000 people with an annual income of over $4 billion. Why has Waste Management done so well while many similar concerns have not? One of the keys to its success has been its unique pairing of accountants and managers to "institutionalize" integrity, quality, and truth telling in an atmosphere of accountability. The internal checks and balances of Waste Management foster "shrewd" and "caring" decisions by encouraging a rapid flow of accurate information. Waste Management has also helped itself maintain market leadership by the cost-effective strategy of recycling its resources, thereby creating new potential markets for otherwise useless waste. Shrewdness, leading to greater profits, and caring for people's futures by better use of resources, can go hand in hand.

Both ServiceMaster and Waste Management bear out the research of Thomas Peters and Robert Waterman in their popular book, *In Search of Excellence*.[38] Two reasons for the success of America's top companies, the authors discovered, were these firms' honest concern for people and a commitment to quality service. True shrewdness requires that one is honest in order to succeed. The rewards can be immense for those entrepreneurs with the courage to "be as shrewd as snakes and innocent as doves."

Czechoslovakian President Vaclav Havel believes that the cure for the lie of communism is not simply a mere change in economic systems, but "living in truth."[39] He understands that the big lie of communism only nourishes other lies. Persons living within a lie become demoralized. Likewise, a society living within a lie is a demoralized society. Havel also comprehends that a society does not have to be governmentally repressive to be destructive of the individual and the human spirit. Lest entrepreneurs be seduced into believing that mere economic success produces true freedom, Havel warns:

> In highly simplified terms, it could be said that the post-totalitarian system has been built on foundations laid by the historical encounter between dictatorship and the consumer society. Is it not true that the far-reaching adaptability to living a lie and the effortless spread of social auto-totality have some connection with the general unwillingness of consumption-oriented people to sacrifice some material certainties for the sake of their own spiritual and moral integrity? With their willingness to surrender higher values when faced with the trivializing temptations of modern civilization? With their vulnerability to the attractions of mass indifference? And, in the end, is not the grayness and emptiness of life in the post-totalitarian system only an inflated caricature of modern life in general? And do we not in fact stand (although in the external measure of civilization, we are far behind) as a kind of warning to the West, revealing to it its own latent tendencies?[40]

Havel's point is that countries breaking with the communist past must do more than simply replicate Western materialism. At least some reformers in Eastern Europe and the former Soviet Union seek to emulate the success of the West while recognizing the potential pitfalls of a consumer society. This is a positive sign. More than for the utilitarian purpose of encouraging a market economy, it seems prudent to seek spiritual growth for its own sake to avoid the "dark side of some of Western mass culture — consumerism, materialism, triviality, detachment...lack of spiritual purpose."[41] According to former American Senator Gary Hart, this seems to be an important point for reformers and entrepreneurs to keep in mind in the former Soviet Union, for

> nothing in democracy as a form of social organization implicitly or explicitly creates a society of genuine values. Jefferson and Madison (early American Presidents) understood that the freedom of the individual includes the freedom to pursue false gods and false values. Government by the majority opinion cannot guarantee a moral society or dictate the highest social and moral values.
>
> But a society that grants its highest respect to material success and values wealth as a superior social good is almost certain eventually to become a despised and morally bankrupt society. At its best, the second Russian revolution harbors seeds of a deep desire to avoid the excesses of capitalistic systems. Havel's critical testimony more than a decade ago witnesses to the unease of simply shifting from a socialistic to a capitalistic system as the answer to all of life's questions.[42]

Havel is the type of prophetic voice which is needed to champion a moral framework for society. He admonishes the nations of Eastern Europe and Soviet successor states to battle to preserve integrity and truth against post-totalitarian, consumption-oriented systems. Who are the Vaclav Havels of the former Soviet Union today and tomorrow? Russian entrepreneurs living in truth can produce not only ample profits and dynamic moral business leadership, but they can provide economic — and political — stability for the future. In contrast, "business as usual," unrestrained economic competition in a climate of ends justifying means, and without a solid ethical foundation, can lead only to new nightmares of suffering, injustice, and inequity.

Notes

[1]Michael Novak, *This Hemisphere of Liberty: A Philosophy of the Americas* (Washington, D.C.: The American Enterprise Institute Press, 1990), 7.

[2]Martin Peretz, "Great Lenin's Ghost," *The New Republic* 202, no. 10 (5 March 1990): 18.

[3]"President Vaclav Havel's 1990 New Year's Address," *Orbis* 34 (Spring 1990), 254.

[4]Some might think that trying to discover the truth is not a realistic goal in a hard-nosed world. How can one do full justice to the words used in Anglo-Saxon courts: "The truth, the whole truth and nothing but the truth"? Obtaining the "whole truth" about any matter may be out of our reach, but this fact has little to do with our choices about whether to lie or speak honestly. These choices can be set forth, compared, and evaluated. Seeing and understanding truth are skills that have to be learned and, as with most skills, learning them at times can be difficult and painful.

[5]Novak, *Hemisphere*, 27.

[6]Craig Copetas, *Bear Hunting With the Politburo* (New York: Simon & Schuster, 1992), 38. The resistance to change on an individual or societal level may be greater than most people realize. The political maneuverings for change within Soviet successor states are so massively complicated that they might fluster even a Machiavelli. The famed Florentine political tactician made this observation in *The Discourses*: "A small section of the populace desires to be free in order to obtain authority over others, but the vast bulk of those who demand freedom desire but to live in security." However, former American Senator Gary Hart admonishes that the practice of lying must be rejected in order for change to occur:

> living in truth, for a nation or an individual, is never a simple task, nor is it a totally self-evident exercise. At its most basic it is the rejection of lies and false doctrine....It is the realization that no good finally can come from any compromise of such integrity, that expedience, even for a perceived noble cause, inevitably has a price. See *Russia Shakes the World: The Second Revolution and Its Impact on the West* (New York: Harper Collins Publishers, 1991), 98.

[7]From a discussion with a Russian professor at the November 1991 Soviet Trade Conference in Seattle, Washington.

[8]Michael Witte, "The Potemkin Factory," *Time* (25 February 1989), 36.

[9]Copetas, *Bear Hunting*, 111.

[10]Alexander Zaichenko, "Coming Out From the Shadows," *Business in the USSR:* no. 2 (June 1990), 40. See also an excerpt of the article in this anthology.

[11]Johnson & Johnson company reports and literature. (Copies can be obtained by writing the company: One Johnson & Johnson Plaza, New Brunswick, NJ 08933.)

[12]Korn/Ferry International and Columbia Graduate School of Business, *21st Century Report: Reinventing the CEO* (Los Angeles: Columbia Business Press, 1989), 41. American leaders such as David Glass of Wal-Mart, James Burke of Johnson & Johnson, and David Kearns, formerly with Xerox, have underscored the importance of individual integrity and the relevance of moral values to the achievement of excellent performance. These people not only have a theoretical commitment to ethical conduct, they have already successfully applied familiar ethical values like honesty, trustworthiness, loyalty, and fairness to the realm of financial success and management.

[13]Tom Peters, *Thriving on Chaos* (New York: Harper & Row, 1987), 69.

[14]Max DePree, *Leadership is an Art* (Garden City, NY: Doubleday, 1989), 32-33.

[15]Louis Uchitelle, "Russian Deal-Making In a Too-Free Market," *The International Herald Tribune* (Zurich), 18-19 January 1992, 1.

[16]Ibid.

[17]The sheer survival mentality in the former Soviet Union today strongly stimulates a self-centered business ethic and the assumption that lying and deception are justifiable. The trust factor is eroded at every level of business activity. Moreover, the prevailing mistrust inhibits spontaneity, enthusiasm, and personal risk-taking — key ingredients necessary for start-up and high growth businesses.

[18]The need for change is clear, but the difficulty of change requires radical solutions. Gail Sheehy, who has written extended analyses of world leaders, asks how could the people of the former Soviet Union:

> after seventy-two years of adapting to an anti-human totalitarian system, recreate themselves psychologically, spiritually and physically?...Their self-image was one of weakness, helplessness, they had no experience of sovereignty over their personal or collective destiny. They were accustomed to humiliation in every daily struggle. The belief persisted even among the most educated that the system had left them genetically weakened. See *Gorbachev: A One-Man Revolution* (London: Mandarin Paperbacks, 1991), 333.

[19]Ibid., 337.

[20]William Van Der Bercken, "The Rehabilitation of Christian Ethical Values in the Soviet Media," *Religion in Communist Lands* 17 (Spring 1989), 5.

[21]Novak, *Hemisphere*, 28. Another American economist, Peter J. Hill, provides additional clarity by stating that "inherent in capitalism is the ability to: provide freedom of choice, encourage cooperation, provide accountability, create wealth for large numbers of people, [and] limit the exercise of excessive power." "Markets and Morality," *Political Economy Research Center Viewpoints*, no. 4 (January/February 1988), 1. See also an excerpt of the article in this anthology.

[22]Novak, *Hemisphere*, 28-29.

[23]Ibid., 31.

[24]Amitai Etzioni, *The Moral Dimension: Toward a New Economics* (New York: Free Press, 1988), 8.

[25]Lewis Smedes, "On Being Truthful." Lecture presented at "The Trialogue Workshops: The Ethics of Secrecy, Lying and Censorship," 19-21 March 1991, hosted by the Center for Applied Christian Ethics, Wheaton College.

[26]Ibid., 3.

[27]Ibid., 6.

[28]Ibid., 7.

[29]Zaichenko, "Shadows," 40-41.

[30]Hedrick Smith, *The New Russians* (New York: Avon Books, 1991), 121.

[31]Stalinism lies at the heart of the country's struggle to recover its soul — a struggle that reaches deeply into the personal lives of almost every adult. Tens of millions of people alive today either voluntarily supported or reluctantly collaborated with Stalinism. The painful questions being raised today are about responsibility, guilt, and shame.

[32]Van Der Bercken "Rehabilitation," 7.

[33]Sheehy, *Gorbachev*, 380.

[34]Ibid., 339.

[35]Matthew 10:16, New International Version.

[36]Paul de Vries, "The Taming of the Shrewd," *Christianity Today* (19 March 1990), 14-16.

[37]Company literature from ServiceMaster.

[38]Thomas Peters and Robert Waterman, *In Search of Excellence* (New York: Harper Collins, 1982).

[39]Hart, *Russia*, 87.

[40]Ibid., 88.

[41]Ibid., 88-89.

[42]Ibid.

THE ETHICS OF
PROFITABLE CONNECTIONS

Niel Nielson

Introduction

Human life is relationships. Our experience to a great extent
involves dealing with others. Interaction and interdependence are
predictable characteristics of the human community. In fact, it is
almost inconceivable to imagine any long-term human situation
apart from interdependence. This relational reality is not a conclusion to which we come as a result of reasoning; we do not *begin* in
personal isolation and then somehow find our way to community.
We are *always already* in community, embedded in a network of
persons and groups. It is through these relationships that we
uncover our own sense of selfhood and define our personal identity.

In contrast, the modern malady of alienation is a separation, an
estrangement, from satisfying social existence. The cure for this
alienation is healing of broken relationships and restoration of true
community. This interdependence of people in community can be
identified in many places and in many ways: healthy (or unhealthy)
family groups, a well- (or poorly) managed workplace, a spiritually
united (or factious) church.

The challenge for any student of human existence is, then, to
describe the ways in which people interact and to illuminate the
differences, subtle or striking, between those interactions which are
constructive and those which are destructive. This is not an easy
task. Many people, for example, find the source of ethical judgment
in a God whose character and self-revelation proclaim a clear
foundation of moral values for human life. The subtleties of our
ways of relating to each other, however, make judgments between
right and wrong in particular situations extremely difficult.

*Niel Nielson (PhD, Philosophy, Vanderbilt) is General Director, Manage-
ment Partnerships International (MPI), Chicago, Illinois, the American
partner in JV Dialogue. Dr. Nielson has been involved in Soviet joint
ventures since 1987. MPI has ongoing ventures in computer software and
hardware development, construction, real estate, medical services, information services, and timber, oil, and gas development.*

We live, nevertheless, in the "real world," where we must make decisions, momentous as well as insignificant, many times each day. As we examine a particular grouping of human interactions in this chapter, our goal will be to illuminate the choices before us in the light of practical realities and, more deeply, against a moral framework grounded in God who has made himself known to us.

What is *Blat?*

Ask any Russian citizen about *blat* and a spirited conversation will follow. Everyone knows what it is and virtually everyone has experienced it in one way or another. It exists in the home, in the work place, in the church, in the government, essentially everywhere that human beings may be found. *Blat* is most effectively translated as "profitable connections" or "pull." The word dates from tsarist times when German workers in Russia were given special privileges to buy goods not available to others. It has evolved to include the ability or power to obtain something or to get things done by means of one's connections.

Certainly the former Soviet Union, and even Russia prior to the 1917 Revolution, provided the right soil for such a plant as *blat* to grow. My experience suggests that the people of Russia are extremely conscious of their interdependence at virtually all levels of existence. Because goods and services have not been generally available in adequate supply, individuals have forged relationships, wherever possible, to compensate for the absence of an "open market." This is true of such basic commodities as food and clothing, as well as services such as education and employment. The term "gray market" is often used to describe the informal but extremely active market for goods and services existing outside official state channels, which is often a matter of being in the right place at the right time, and certainly a matter of being "in the know" about alternate channels of delivery. Some citizens have greater access to these informal channels than others, by virtue of position or wealth or family, and this inequity demands careful ethical scrutiny. But the reality is that, in some ways at all levels, personal connections broadly and inevitably characterize Russian society.

Our task, then, is to reflect ethically on this reality. In order to do that, we will examine business relationships in a variety of contexts. Some cases undoubtedly will be too simplistic, others perhaps too complex. But the hope is that these cases will help us to better balance practical, utilitarian concerns with the demand for ethics, and to become more thoughtful, ethically responsible persons.

Case Studies

CASE 1. Ivan and Tanya are married with two small children. Both parents work full-time and find it difficult to obtain by their own shopping more than a small portion of the food they need to feed the family. Tanya's brother, however, is the manager of a collective farm near Moscow, and he provides them with a weekly supply of food. They, in turn, are able to "return the favor" with gifts and other kinds of help. Is this a legitimate source of food for Ivan and Tanya?

Given the experience of many Russian citizens with state and other official organizations, family life has been one of the few sources of genuine affection and care. For those who are visitors, the experience of Russian family hospitality is unforgettable — warm-hearted, joyful, and deeply affectionate. Perhaps it is true to say that the family is the last bastion of trust, intimacy, and personal connectedness in Russia, and has come under tremendous and increasing pressure.

Certainly parents have a responsibility to provide for their children, and here is a case where they are able to do so through a family relationship. In America, family members of employees in certain occupations are able to enjoy opportunities and privileges which are not available to all. For example, airline companies allow family members of its staff to fly at substantial discounts on a standby basis. But there are limits, legal and moral, to such privileges. It is unlawful in the United States for a government official to give "insider" information to a relative which will affect the price of a stock and enable the relative to profit from that knowledge before it is available to everyone.

Returning to Ivan and Tanya, ethical questions to consider include the following:

1. Does the manager of the collective farm have a legitimate right to the food which he gives to his sister? Is he in fact stealing it? What is the nature of his authority to engage in such behavior? To whom does the food actually belong?

2. Do relatives of other employees/officers of the farm have similar access? A fundamental consideration in questions of justice, to which we will come back again, is "equal access." Is the service or opportunity fairly distributed, and do all people in the organization have equal access to it?

3.   Is this arrangement secret? Could it be brought to light with little or no embarrassment or negative consequences? This is certainly not a definitive test, but it can give us a hint about the propriety of an action.

The answers to these questions will help point us toward a moral evaluation of the practice. If, for example, we discover that the manager is secretly setting aside food which he has no authority to take, then we have good reason to suspect that he is behaving immorally. If, however, there is a widely accepted practice of food distribution in which excess production is made available for employees and their relatives, then obviously our judgment would be different. The goal here is not so much to reach a conclusion as to raise the kinds of questions which would help us reach that conclusion as we know more about the situation.

CASE 2. Boris arranges with the local head of government to be awarded rights to make bricks out of a local source of clay. The local government head awards this right without making it available to others and without publicly announcing his willingness to award such rights.

Many decisions are made in Russia, and elsewhere for that matter, because someone arranges something with someone. An individual wants to buy a piece of property which is not presently on the market, goes to see the owner, and arranges to be the first to have the opportunity to purchase it when the owner decides to sell. This is known as obtaining an *option* on the property: the potential buyer now owns the right to purchase the property if and when it comes on the market. Many arrangements of this kind are made in private, without offering the option to everyone. Deals to buy and sell companies are hammered out in secret, with the commitment from all parties involved to maintain strict confidentiality. There is, in the opinion of most people, nothing improper or unethical about individuals making deals in private.

The issue in this case centers, I believe, on the fact that a government official is involved. He is, we can assume, given a responsibility to protect the "public good" as it relates to his area of authority, to insure that government/public property is used for the broadest general benefit of the citizenship. If, as this case presents, a piece of property with significant economic value is to be sold, or if the rights to use it are to be transferred, then it is difficult to see how the official would properly fulfill his responsibility without making the opportunity openly and publicly available to any and all interested parties.

In general we would expect a public bidding process, with the official making a public announcement that rights to the land will be transferred, and inviting anyone to make a proposal (including the amount of money to be offered for the rights and perhaps also the plan for developing the site which maximizes usage without adverse environmental or economic consequences). Such "public auctions" are quite common, and the key issues ethically are the availability of information about the deal and access to participation in the process.

Besides the issues of open information and access, the absence of which makes the process highly questionable ethically, there is the issue of how Boris made the deal. The story says simply that he "arranged" it with the government official. We will examine more closely later a case study focusing on influencing government officials, but we should at least raise here some concerns regarding such "arrangements."

First, and most seriously, the arrangement may involve a bribe or some other form of financial incentive to the official. Most ethically sensitive people would object to this. Second, perhaps Boris agreed to give 20 percent of the production to the local government for its building projects. In the absence of other sources of bricks, the official might feel that he is fulfilling his responsibility to the community by making such a deal, although it would still seem to be more appropriate to open up the process to other "bidders." Perhaps a competitor would offer 30 percent of the production to the government. Boris may also have committed to hiring a great number of people, or to rebuild the aging rail terminal, or to clean up an environmental hazard.

It would still make sense — economically and ethically — to make the process open and public. But what if there is insufficient time? What if we are dealing, not with clay, but with an "eroding" resource such as food that will rot, or burned standing timber that will decay? Perhaps it is best to say that government officials have a responsibility to secure the best available good for the community, given reasonable expectations under the circumstances. They should make every effort to guarantee a fair and open market, where all interested parties have the opportunity to participate, while retaining the right of judgment when other circumstances merit. The key to this process in the United States is the establishment of procedures for public review of such decisions. If, upon review, Boris and the official are found to have violated the public trust by deliberately plotting to circumvent an open public process, they are both legally accountable and ethically culpable.

CASE 3. Misha is the manager of a brick factory. A Finnish firm has contracted with his enterprise to purchase bricks to build a hotel. Two weeks before the delivery of the bricks to the construction site, a friend of Misha's comes to him with a problem: he requires bricks to carry out his role as the manager of a local factory. The local government body has instructed the friend to expand the factory, an act which would greatly help local employment. Should Misha give his friend the bricks originally intended for the Finnish contractor?

This case raises several important issues which deserve close attention. First, Misha has signed a contract with the Finnish firm. In the West a contract represents a commitment to perform as agreed and would be, under U.S. law, a virtually inviolable covenant. The courts will almost always punish the violation of a contract signed freely by the parties involved. Generally speaking, the underpinnings of American business are found in this system of law which governs all transactions. The system renders business possible, since it regulates activities so as to permit individuals to know what they can expect from those with whom they do business.

In Russia, however, a dependable system of law to undergird social and economic interaction is at present wishful thinking more than reality. What is at the root of the social system is not law, but relationships. And these relationships are the "glue" which holds life together. One of our staff members in Moscow recently told me that, no matter how badly she is treated by an official or business contact, and no matter how questionable their practices, she feels she can never come to a complete parting of the ways with them, because she never knows when she will need their help. In her view, it is impossible to depend on the law or government policy; one can only depend on people and one must be extremely careful not to burn bridges.

Such an environment makes it very difficult to conduct business across space and time with strangers. It is imperative to know those with whom one does business, and to manage the relationship carefully, since there is no dependable system of legal recourse if the other party does not perform. Such a relational model is not entirely negative. It might be argued that the system of laws and regulations which characterizes American society is a symptom of alienation. Because relationships have broken down so dramatically, and because the culture is so individualistic, such formal legal structure is necessary to hold society together. How much better, one might say, to live in a society where people transact business "face-to-face," without the intrusive mediation of the law?

While this resolution may seem attractive from a distance, it is clear that it assumes a view of human nature which is questionable at best. One does not have to be in Russia long to realize that the protection and stability provided by a permanent and comprehensible legal framework would be extremely helpful. People, after all, are people, and the law serves the function, among others, of limiting human abuse and exploitation.

Returning to Misha's case, suppose he has known his friend for years. Suppose they have "done business together" to the advantage of both: Misha has on several occasions supplied bricks and other materials for his friend's factory, and his friend has reciprocated with food and clothing and other goods which Misha needed for his employees. After all, in a society where money has been more or less irrelevant, the real market is the trading of goods and services. As the head of a factory, Misha is responsible, perhaps not only to pay his employees a salary, but also to supply food, clothing, housing, transportation, and education. The necessity of vertical integration is universal. And since the only real capital he has is bricks, he trades them for all the other goods and services he needs. So he depends on his relationships with those others who can supply him with what he needs.

Now his friend asks him for bricks. On the one hand, he knows he has signed a contract with the Finnish firm. It is legal in every way, and he feels the force of it. But his position demands that he look out for the interests of his factory and his employees, and, in his view, a healthy relationship with his friend is an absolutely key component in fulfilling his responsibilities.

What is the force of law here? Why should Misha honor a piece of paper signed with his name and the name of a Finnish contractor whom he may never see again, when he knows he will have to deal again and again with his friend at the other factory? Suppose Misha gives the bricks to his friend, and a week later the foreigner shows up angrily waving the contract in the air. Misha may well say, "My life here depends on my friends; they are my very survival. I have obligations — moral obligations — which must supersede my moral obligation to fulfill the terms of the contract. My decision has been made." The Finn stomps out, cursing the day he decided to do business in such a place.

Here are at least some of the questions to address: Is it important to be able to "transact business across space and time with strangers?" Does a social structure based on relationships and personal connections rather than law make this impossible? What are the obligations connected to signing a contract? Is my signature on a contract legally and morally binding? What circumstances might make it permissible for me to break a contract? (Most contracts take into account the possibility that one party or the other might break or violate the terms, and therefore stipulate the consequences and compensations which would follow.) What do you think Misha should do?

CASE 4. Through a Russian partner, an American doing business in Russia is introduced to a high-ranking government official. This official is able to "facilitate" business by signing approvals and registration documents so that individuals can avoid the long delays typical of the start-up process. The Russian partner, in an effort to further develop the relationship with the official, urges the American to host the official, his wife, and members of his staff during a trip to the United States. It is clear that the intent of the visit is to receive favorable treatment from the official for joint U.S.-Russian business proposals. Is this an ethically legitimate activity?

In the United States, members of Congress frequently are approached by voters from their districts to lend support to, or at least to withhold their opposition from, various pieces of proposed legislation. This practice is commonly called lobbying and comes in a variety of forms. In some cases, a businessman will contribute to the campaign fund of the official, that is, will give money that will be used to help the official get reelected. Reasonably strict laws govern this activity delineating the kinds and sizes of legitimate gifts.

In other cases, individuals will try to exert personal or positional influence, bringing personal reputation or power to bear in sometimes subtle ways. They may, for example, represent the members of a large trade union or politically active voluntary associations such as homebuilders or environmentalists. These groups may remind the elected official that their members are voters and election campaign contributors, and that they are watching the official's actions and decisions in order to see whom they should support in the next election. Such lobbyists might seek publicity for their "cause," hoping to create the impression that there is a great public ground swell of support for their project or issue, and urging the official to take note. Some individuals and corporate officers spend large sums of money to hire professional "lobbyists," special consultants whose role is to work within the government community to persuade officials to vote in ways that will benefit those who have hired them. These lobbyists will take government officials to dinner, spend hours waiting to see them, and maintain a constant pressure in an effort to secure support for their client's projects and interests.

While there are numerous laws regulating all these activities, laws which, for example, prohibit outright cash payments or bribes to government officials, in general the practices described above are accepted legally and ethically. In the minds of most Americans, legislators are political creatures, in office ultimately to do the "will of the people," and there is nothing wrong with trying to tell them what we think "the will of the people" is. Companies with which I have been involved have hired lobbyists for years in an effort to insure that their corporate interests receive a fair hearing in Washington, D.C. In many cases, government officials are not prepared factually or technically to make decisions on complicated issues, and lobbyists can serve the purpose of educating the official on the issue — always, of course, in terms that are designed to further the client's cause. Lobbyists representing opposing positions also can enable a decision-maker to see both sides of an issue.

With that background on the practice of political influence in the United States, how should we approach the issue in our case study? As ever, there may be extenuating circumstances, of which we are now ignorant, which would affect our opinion. But, as it stands, we might argue that it is a thoroughly legitimate activity to try to persuade Russian government officials to "show favor" to a project. As a businessman, I may be able to show that my proposal not only works to my own benefit but also to the benefit of the local economy. I may be able to show that there are spin-offs from my project that will lead to the building of economic momentum in the region. I may be able to show that I can bring in other Western business partners willing to invest, once they see a successful project in motion. All of these are proper considerations for government officials to take into account in their decision-making. If I have the opportunity to spend a week with key officials by hosting them in my own environment, where they can see my operation in person and understand more fully how I do business, then I can legitimately do it.

What if, in the eyes of other Russians, the particular official whom I am trying to influence is of questionable character, either because of his political views or due to his ethical reputation?

Obviously this will complicate the matter. I have spoken to Russians who assert that all government officials are of questionable character or else they would not be in those positions. Some Americans would agree.

One Russian businessman with whom I spoke divided all Russian businessmen into two groups. The first group is connected to the government, including officials who were part of the pre-glasnost era, and who take advantage of those connections to gain special benefits and build business quickly (his exact words were "by stealing from the people"). The second group includes those ordinary people who depend on their own talent and initiative in order to succeed. (A Russian business consultant made the following "pitch" for me to hire her: "You can trust me — I don't know anyone and can't do anything for you.") This is, in my opinion, a much too simple picture of Russian entrepreneurs, and my experience suggests that Russians are distributed along the ethical continuum similarly to people in any other country.

In the United States, as a businessman, I will seek to gain support for my interests even from government officials whose political views are widely divergent from my own, or whose personal lives are morally questionable. Of course, moral judgment is always required. If I have reason to believe that my involvement with a government official contributes to a harmful situation or practice, then I must stop. If I believe that my association with an official will damage my own reputation, then I must be very careful.

Perhaps the view of the Russian, who claimed that any involvement with the government was inappropriate, was informed by evidence that such involvements did more harm than good, either by creating specific negative consequences or by helping to support a widely abusive political system which ought to be allowed or even encouraged to fail. This issue of how to deal with a governmental system which produced so much oppression and suffering is a difficult moral issue and deserves more attention than it can receive in this discussion.

Two further reflections are in order. First, consider the case of a company which is a tenant in a building in Moscow and desires to sublease the building to another company. The property law declares (officially) that subleasing is legal. There is, however, no formal, acceptable procedure for it. Rather, the city government grants approvals for subleases on a case-by-case and somewhat arbitrary basis, and one must go through a long and complicated process to secure that approval. In the absence of an adequate and reliable procedure to secure approval, it will likely be necessary to make an agreement with city government officials on a more informal basis. Again, payments of money and similar gifts are unethical, but there are perhaps other means that would be entirely appropriate — means which, for example, benefit the city. A specific, public gift to the city would not be a bribe, but would be in the official's best interest because it would reflect well on his ability to help the city.

Second, one of the distinctions in the American setting which helps to sort out these issues is that between the public and private sectors. While government officials can be influenced, persuaded, even sometimes intimidated into decisions, there is a basic understanding, supported by law and public opinion, that they must not have a financial interest in any project to which their decisions might be relevant. Government officials are, as we say, public servants, charged with the responsibility to promote and protect the public good. A direct economic interest in a commercial activity — the success of which, in some sense, rests in their hands — is commonly judged illegal and unethical.

No such distinction exists, yet, in Russia. Government ministries are commercial partners in for-profit joint ventures. Local district councils contribute land and buildings as capital in real estate development projects from which they will profit personally. Among our own partners in Russia are government-sponsored institutions. While the lack of the public-private distinction does not automatically mean unethical activity will take place, it has that potential, especially in Russia where such a great percentage of the economic capital assets is in the control of government and quasi-government organizations. Clearly, as Russia moves toward a market economy, the public-private distinction will develop to some extent, and we must be sensitive to the ethical issues involved.

CASE 5. A small group of Christians wants to start a new church in a Siberian town. They have agreed to contribute time and money to build a small church building and to begin holding services. Local authorities raise many objections and in fact try to prevent the new church from forming by withholding construction permits. One believer happens to know a high-ranking government official and visits him to plead the church's case privately. He also carries with him a small envelope containing $500, a portion of the money given to the group by a well-meaning American Christian group to support their fledgling work. In the course of the conversation, he places the envelope on the official's desk. Subsequently the official grants approval for the building and takes no further action either to support or to obstruct the new activities. Is this a legitimate process?

Many Russians see *blat*, including the giving and receiving of favors and gifts, as a normal part of life. In the absence of established procedures for registrations, permits, and approvals, the only recourse to get anything done at all is to "play the game." Here is a case in which even Christians who, we can surmise, affirm a biblical ethic and a biblical life-style, nevertheless participate in the system of "profitable connections." They pursue their honorable goal of founding a new church by using their personal contacts and then "sweetening" those contacts with a cash payment, or bribe.

This case raises the fundamental ethical question, "Does the end justify the means?" The end in mind is a good one — morally and spiritually good. There is a great need for more churches where Christians can meet to worship and study together. Many American Christian organizations are supporting these activities with people, money, and prayer. But is it legitimate to pay a bribe as a means of accomplishing the goal? Are there not ethical limits to what steps can be taken toward a desirable end? Most Americans would object to the cash payment, asserting that church-planting activities must be conducted within the law and with no hint of unethical behavior.

The Russians might well respond that it is quite easy for Americans to criticize such behavior. America has a long-standing tradition of religious liberty and freedom of religious expression. Few Americans have an understanding of the realities of living under a repressive antireligious regime, which has forced some Christians to resort to ethically questionable practices. In Russia, at least until recently, many Christians have felt that they had no choice but to live in the "gray" areas. Often, Russian believers are resigned to the fact that they live in an environment fraught with moral ambiguity. They will hope and pray, of course, for a time when ethically questionable practices are unnecessary. But until then, some will feel justified in pursuing their goal using whatever means are at their disposal.

Ethical dilemmas often present us with the necessity of choosing between or among several ethical principles we affirm. If a situation demands that I lie to save a friend's life, then I must somehow decide between two ethical imperatives: to tell the truth and to protect innocent life. Consider the case of the Dutch Christian, Corrie ten Boom, who faced this dilemma in her efforts to save helpless Jews from Nazi extermination. Clearly, in some cases we may see no alternative to violating one ethical norm in order to obey another. Siberian Christians may see their efforts to obtain a church in this light. The biblical imperative to worship God and to make disciples must be obeyed, some would argue, even if in the process the imperative of honesty must be violated.

I have no intention in this case, or in any of the cases presented, of providing a definitive answer to the ethical questions raised. I have tried to formulate the cases and to discuss them in ways that would clarify the ethical issues. In many concrete situations we are in fact unaware of the ethical issues at stake, and it is important to become sensitive to those issues embedded in the concreteness of our lives. At the same time, sensitivity to the issues must not prevent us from seeing that some forms of behavior are clearly wrong, such as bribery. The point is to behave rightly, and we must see the issues clearly in order to make moral judgments about how to act. As we have discussed these cases, I trust that their ethical dimensions have been illuminated and that our capacity to act ethically has been enhanced.

Final Reflections

In conclusion, I want to reflect briefly on several perceptions and issues that have arisen:

1. When Russians and Americans try to discuss ethical issues, they recognize that in many ways they come from different worlds, face different pressures, operate within different legal and political spheres, and inevitably develop different priorities. Yet conversations about ethics are possible between Russians and Americans. Ethics will bear the marks of individual culture, to be sure. At the same time it is possible to experience what has been called the "fusion of cultural horizons," a common ground inherent in our shared humanity. As Christians, moreover, Russian and American believers are also committed to the authority of the Bible, God's word. Again, interpretation of the Bible will bear the marks of individual culture. Even so, Russian and American believers can have conversations about Scripture, explore it together, and ultimately come to share an understanding of its meaning and its call on their lives. So while social and business relationships are expressed culturally, Russians and Americans are able through ethical reflection and biblical understanding to bring to light *together* its ethical dimensions.

2.   We have discussed several times the issue of justice, referring to the availability of equal access to information and processes. Although access will probably never be perfectly equal, it is nevertheless a goal toward which to aim, and a valid criterion for evaluating the ethical character of a society.

3.   We have mentioned that many American practices involving personal influence or "pull" are governed by specific laws. And all are subject in principle to a public scrutiny that would bring illegitimate activities to light. There is really no alternative to the development of a system of laws (including laws governing the "public" — as distinct from the "private" — sector) in Russia to regulate such behavior. While laws do not make people ethical, they establish a framework which punishes unfair and unjust behavior and encourages "playing by the rules."

4.   Finally, we raised the issue of the ends justifying the means. While situations may arise in which we feel compelled to make choices under circumstances that are ethically ambiguous, we should be aware that this is always an undesirable choice and should strive to obey ethical and biblical imperatives in *every* case. We are creatures of habit. When we permit ourselves to set aside an ethical principle in one case, even for a good cause, it can be even easier the next time. We must guard our ethical lives carefully in this regard.

May these case studies and the accompanying discussions play a part in helping us all become more ethically aware people. May we, by the grace of God, live lives of unerring integrity, so that our lights will so shine before men that they will see our good deeds and praise our Father in heaven.

THE ETHICS OF DECISION MAKING

C. James Carr

Introduction

In the wake of the changing world order, particularly within the former Soviet Union, there is a growing awareness of the need for ethical decision-making models within a market economy. Business contracts and unwritten agreements, at the heart of free enterprise, involve questions of ethics because of their heavy reliance on mutual trust. The decision-making model of utilitarianism, examined within the framework of moral and religious values, is a helpful tool in a move towards a market economy.

Prerequisites for free enterprise in the former Soviet Union will include clearly defined private property rights, a consistent and well-defined legal code, a convertible currency, prices based on market supply and demand, and an equitable tax system producing sufficient revenues for public purposes. Especially important for Soviet successor states will be laws and regulations consistently and logically enforced.[1]

Contracts

Business involves individuals and organizations interacting with each other to accomplish a common goal, and by so doing, making a product or service ready for sale. At the heart of a business transaction is a contract, which is a binding agreement between the provider of a service or product (seller) and the purchaser (buyer). A contract assumes that the parties will carry out their responsibilities as agreed. To do otherwise will not only cause the contract to be voided, but will create mistrust between the participants.

Jim Carr (MA, Administrative Sciences and MA, Religion, Yale) is Executive Vice President, Produce Reporter, Wheaton, Illinois. Mr. Carr has international and agribusiness lending experience with Harris Bank and has taught management at College of DuPage and business ethics, money and banking, and international finance at Wheaton College.

In today's highly complex and competitive business environment, there are countless interest groups which are distinguishable by their various objectives, constraints, and cultures. What connects these international corporations and groups is the ability to function in the global marketplace "through an intricate system of contractual agreements."[2] Contracts may be of two types: written or unwritten. The former generally are legally enforceable while the latter are not.[3]

An alternative mechanism to legal enforcement of contracts involves ethics. However, law and ethics may not always share the same goals or outcomes. For example, in the United States a well-defined legal code exists with precedent established by thousands of court cases. Consider the hypothetical case of a chemical manufacturing company which has been discharging pollutants into a lake that provides drinking water for a community. Instead of paying for the cleanup of the lake, the company spends considerable sums of money to litigate the matter in an attempt to avoid payment for restoration of the lake. If the chemical company were to succeed in its legal challenge, it would bear no responsibility. While legally correct, such a decision would be ethically wrong. The morally responsible course of action would be to assist in the lake cleanup.

Moral Code of Behavior

Ethical incentives encouraging parties to carry out their contractual responsibilities include a moral code of behavior, a desire to protect a good reputation, and fairness. Philosopher Arthur Holmes argues that because "humans...share a common world, activities, and needs...moral values are therefore extremely valuable in guiding life wisely and well."[4] In a world we would like to inhabit, persons would operate from a well-defined set of ethical principles. These values would include: avoiding harm to others, respecting the rights of others, telling the truth, obeying the law, being fair, and keeping promises and contracts.[5]

The Ten Commandments provide the basis for a Christian view of an acceptable code of behavior. Among the commandments are: do not kill, do not steal, and do not bear false witness against one's neighbor. Simply stated, a Christian knows that the answer to the question — what does the Lord require of you? — is "to do justice, love kindness, and walk humbly with your God."[6]

In a contractual setting, trust and understanding are very important. In the New Testament, Jesus told the parable of a king who had entered into a contract with his servant by loaning him money. The servant appeared before the king, and when asked to repay the money, the servant pleaded for the king's mercy, because of his inability to pay back the money. The king listened to the man's plight, had mercy, and forgave the servant's debt. But the man whom the king forgave came across another man who owed him money. Like the king's servant, this debtor begged for understanding because he could not pay back the funds. However, unlike the king, the servant showed no mercy and had the debtor put in prison. When the king learned what happened, he summoned his servant and had him, too, put in jail. Though the contract held that the servant properly owed the money, the king trusted what his servant said and the debt was forgiven.

For a contemporary example, consider Greisha who wants to sell his used car to his friend, Alex. Greisha knows that his car's engine has been leaking oil, and to fix the leak will be very costly. Alex, who has known Greisha for several years and has grown to trust him, needs transportation and asks his friend if there is anything wrong with his car. Greisha is faced with a moral dilemma: to answer honestly may cost him the opportunity to sell the car; to answer his friend dishonestly will destroy trust built up over years. A moral code of behavior would lead Greisha to answer honestly and thereby not disturb the trust relationship.

In the case of conflicting moral codes, by what standards and by whom will decisions be judged as ethical or unethical? The Ten Commandments suggest a code of behavior that has universal application, meaning that honesty behooves Greisha regardless of his country or culture.

Reputation

One reason parties involved in a contract honor their commitments is because a good reputation outweighs any short-term benefit derived from breaking an agreement. Take the case of Ivan who recently was appointed international marketing director for a large lumber enterprise. In previous years, state authorities had set production schedules and guaranteed payment for lumber deliveries. However, the newly privatized firm must itself bear responsibility for sales and marketing. Ivan knows that a particular Western firm interested in placing a large order is considering several Russian partners. He tries to persuade the company to approve a discounted price, but management resists. Using another approach Ivan instructs his sales department to tell the Western firm to place its order before a pending price increase takes effect. Ivan knows that management has no price increase planned, but he tells his sales department that the potential customer need not find out.

To receive the order certainly would be to Ivan's advantage and would be of great economic benefit to the enterprise. But what would be the long-term consequences if the buyer discovered that talk of a price increase was only a sales tactic and not the truth? Depending when (before or after the purchase of the lumber) the customer learned of the deception, the original contract, at a minimum, would be canceled. In addition, future dealings would be highly unlikely and Ivan's value to his employer would be severely damaged. In contrast, Ivan's own self interest, as well as that of his firm, should have dictated honest negotiations with the Western firm since highly prized repeat business is a function of trust and reliability. In fact, honesty and integrity not only contribute to a clear conscience but they make good economic sense. Even if Ivan tells the truth in the interest of his economic well-being, the action would nonetheless be correct ethically.

The Principle of Fairness

Jesus instructs us in the New Testament to "treat others as we wish to be treated." For this biblical doctrine of fairness to function, individuals need to see value in themselves as well as in others. This principle applies no matter which side of a business contract one is on — as buyer or seller. Recall the example of Greisha, who wanted to sell his car. Alex, who expected to be treated fairly, clearly viewed the possible purchase contract as a matter of trust. If Greisha failed to mention the leaking oil, Alex, later, would believe he had been treated unfairly. On the other hand, Greisha looked at the matter from a different perspective: he wanted to sell the car and he possessed important information that could affect the outcome of the sale. Depending on Greisha's appreciation for the principle of fairness, he may or may not deal in a trusting and fair manner with Alex.

Personal ethics, in summary, assist in the fulfillment of contracts. Enlightened self-interest works because implicit in every contract are ethical checks and balances: generally accepted codes of behavior, fear for the loss of reputation (and money over the long run), and the principle of fairness.

Contractual Requirements

To ensure that contracts will work in the first place, three factors need to be present: communication, information, and trust.

Many times communication between buyer and seller does not take place face to face. Instead, business parties exchange information by letter, phone, fax, telex, or a third party. All relevant information should be available to all the participants in the transaction. Equal access to the facts, including price, is essential for the success of any business agreement.

Consider the following example involving the sale of fruits and vegetables in North America. It is 6:00 A.M. in Salinas, California, and Bryan is already at his sales desk, waiting for calls from produce firms in the eastern half of the United States and Canada wanting to buy lettuce. The phone rings. Bryan answers it on the first ring and receives a request from a potential new customer. The caller, Andre, is a large buyer of fresh fruits and vegetables located in Montreal, Quebec, Canada, who needs three truckloads of lettuce to arrive in time for a major holiday promotion.

Bryan takes the order and promises to call the buyer back after checking the caller's credit rating history. He then phones the office of his credit rating agency where information on Andre's Canadian firm is secured, including its financial status and pay performance. Assured that Andre represents a good business risk, Bryan calls him back and offers a specific price. Meanwhile, the Canadian firm has checked the price of lettuce with other lettuce shippers and has contacted the same credit rating agency to determine the credit worthiness of Bryan's company. Buyer and seller now are confident of the trustworthiness of the other party and they are able to come to terms on price. The agreement calls for Andre to send money to Bryan within thirty days after the date of shipment. While neither party has signed anything, an unwritten contract nevertheless is in force.

Bryan arranges for transportation, and four days later, the lettuce arrives in Montreal at the buyer's location. Andre unloads the product but discovers that a portion of the lettuce is decayed. He promptly calls Bryan to notify him of the problem. Andre obtains proof of the damage by securing a government inspection of the product. He then communicates by fax with Bryan, who agrees, by phone, to compensate Andre for his loss.

This example illustrates the essential elements of an unwritten contract: good communication (phone and fax), the availability of market information (including price and credit worthiness of the participants), and trust. Trust is the most important ingredient, for without it there would have been no basis for an agreement in the first place.

Looking at the above example from a slightly different perspective, three outcomes are possible:
1. neither party trusts the other: no contract;
2. one of the two parties trusts the other: no contract;
3. both parties trust each other: contract.

Only in alternative 3 in which the buyer and seller trust each other will a contract result. In this case, both parties benefit in what is referred to as a "win-win" model of business.

Motives for Business Contracts

Bernard Reilly and Myroslaw Kyj hold that the "theory of business is the theory of self-interest," meaning that business seeks "to act efficiently, maximize profit, and requires the individual or firm to act only in its interest."[7] The attainment of wealth in a market economy often is held up as the most important goal for which people should strive. In contrast, Adam Smith held that material interest was "but a means to the good life, of which the perfection of human sentiments...is the highest form of life."[8] Thus while the attainment or acquisition of wealth may, itself, be a natural human goal, it should be noted that wealth obtained or created by properly motivated human action can represent a benefit to society. For example, the generation of wealth can create new jobs and provide additional revenue which can help finance education, roads, parks, and other human service needs.

It is a fact that if wealth is obtained at the expense of others, meaning some parties acquire wealth while others lose money, no market will exist in the long run. Entrepreneurs and businesses will not voluntarily compete with each other for long, knowing that only a few will prosper and many others will fail.

Decision-Making Models

Reilly and Kyj point out that "the principles of profit maximization may or may not involve public benefit."[9] To assume that businesses make decisions primarily on the basis of public benefit is unrealistic. Businesses make decisions which, above all else, benefit themselves. Ethics in the group decision-making sense continues to be the best arbiter or "invisible hand" that keeps business on the right track. In this case, again, rational economic self-interest in the long term dictates compliance with ethical norms such as truth telling.

Utilitarianism

In a society with no core ethical values, "society must depend on law for its protection."[10] However, in a society with no universal code of behavior, its system of laws may not be logically well defined and individual and group decision makers may see no reason to comply with the laws not founded on commonly agreed upon ethical foundations.

Many businesses make decisions on the basis of what will produce the greatest good for the greatest number. Mid-nineteenth century English philosopher and economist John Stuart Mill closely identified with this utilitarian theory of decision making and wrote that "actions are right in proportion as they tend to promote happiness [and] wrong as they tend to produce the reverse of happiness."[11] Thus the moral obligation of decision-makers is to choose the action that appears to provide the greatest degree of satisfaction for the greatest number of people.

In business, such a decision-making process is termed a "cost-benefit" analysis, meaning that the pros and cons of various alternatives are evaluated and the option that satisfies the most criteria is the one which should be selected. Such a decision-making process has many advantages: all decisions can be reduced to a monetary figure; everyone understands the process; and the decision-making process is accepted as one that is valid.

Consider the case of Sasha, manager of a large truck assembly plant in Russia. A Japanese firm offers to provide bumpers at a substantial savings over the long-standing Russian supplier. If Sasha accepts the Japanese bid it will surely mean, in a few years' time, the closing of the Russian factory and the loss of numerous jobs. After weighing the costs and benefits associated with the decision, the Russian manager accepts the Japanese bid in order to save considerable sums on production costs. In the absence of any concept of distributive justice, "treating people fairly and equitably,"[12] this utilitarian approach to decision making is quite common and widely accepted.

Contrast Sasha's approach with Jesus' story about a shepherd who learns that one of his hundred sheep is lost. He immediately goes into the wilderness and retrieves it. Returning home, the shepherd says to his friends, "Rejoice with me for my sheep which was lost has been found" (Luke 15:4-7).

Likewise, Jesus told the story of a father who gave his two sons their share of the father's inheritance. The first son remained home and worked side by side with his father while the other son went to another country and squandered his money. Returning home, the second son asked his father for forgiveness. The father forgave his second son, but when the first son, who had remained faithful to the father and carefully saved his inheritance, learned of his brother's unwise action and his father's subsequent forgiveness, he confronted his father angrily, and asked why. The father replied: "My son who was lost is found" (Luke 15:18-32).

These two stories remind us that to make decisions by comparing the costs and benefits of each available alternative and thus maximizing our financial benefit may not be the wisest decision-making process. Utilitarianism ignores important considerations such as: worth of the individual, fairness, and distributive justice.

Jesus' parables of the lost sheep and the prodigal son clearly suggest that the worth of a person is an important consideration in decision-making. The father did not have to welcome his wayward son home; the son had squandered what had taken the father years to earn. Yet, the father forgave his second son and treated him exactly like the first son. Such generous treatment comes from love, not a cost/benefit analysis.

Values

Four values provide the basis for lasting and meaningful business and personal relationships: prudence, care, justice, and the moral fabric of individuals. Prudence includes having "an ideal but also being willing to make the adjustments and compromises that help to actually move toward that ideal."[13] However, this does not mean that the end justifies the means. For a business, prudence may involve developing a new product and, in the process, recognizing the need for adjustments and compromises. Such generous treatment comes from love, not a cost/benefit analysis.

Care refers to commitment to one another in a community. Businesses, through their decision-making processes, need to make quality goods and provide reputable and reliable services. Consider Alex, who manages a bakery shop and sells his bread as 100 percent whole wheat even though he uses an admixture of nonflour filler. His explanation for this unethical practice is that this is the only way he can acquire the extra funds he needs for new equipment. Such a practice does not take into consideration the concept of care.[14]

Justice may be defined as fairness. For a decision to be considered fair it must treat individuals and organizations equitably. For example, a business should develop a personnel policy that treats all individuals equally without regard to race or gender.

Moral understanding derives primarily from culture and religion. For example, if it is generally accepted within a culture to tell untruths, individuals in that culture will find it difficult to establish trust and enter into contractual agreements with individuals outside that culture. A religious framework, grounded in prudence, care, and justice, will assist in the development of a moral fabric that will aid individuals in conducting business at home and across cultures.

Consider the case of Mikhail in Moscow who negotiates a contract with a printer to pay a certain amount for 5,000 copies of a book. In the course of production a press breaks and a critical part does not arrive for one month. By the time the machinery is repaired, the price of paper has increased substantially. The printer advises Mikhail that the original price will have to be renegotiated. Should Mikhail pay more than he originally agreed? From a legal perspective, he probably has no responsibility to pay a higher price, but from a pragmatic point of view, he may want to consider paying more, particularly if the printer was not negligent in caring for the press and if Mikhail wants to continue doing business with this printer.

Summary

International business is conducted in a climate of varying philosophies and cultures, and involves an intricate web of inter-related groups, each distinguishable by unique objectives and constraints.[15] The key to meshing these various groups is an intricate system of contractual agreements. Contracts may be of two types: written or unwritten. The former are enforced by legal means while the latter are enforced through ethical and moral constraints.

Business can be viewed as a set of contractual agreements that improve the position and well-being of the participants — a so-called "win-win" model. Enforcing contracts by ethical means requires 1) adherence to generally accepted codes of behavior, 2) the realization that long-term economic self-interest is best served by honoring contracts, and 3) the adoption of the principle of fairness. For businesses to honor contracts one or more of these principles must be present.

As international trade accelerates, integrity and honesty will become increasingly important considerations for individual entrepreneurs and economic enterprises, regardless of culture or country. The best business decision will not only consider costs and benefits, but other factors as well, including love, respect for the individual, and justice.

Notes

[1]James Kornai, *The Road to a Free Economy* (New York: W. W. Norton, 1990), 45.

[2]John Dobson, "The Role of Ethics in a Global Corporate Culture," *Journal of Business Ethics* 9 (June 1990): 482.

[3]Ibid.

[4]Arthur Holmes, *Ethics: Approaching Moral Decisions* (Downers Grove, Ill.: InterVarsity Press, 1984), 54.

[5]Kenneth E. Goodpastor, *Ethics in Management* (Boston: Harvard Business School, 1984), 6.

[6]Micah 6:8.

[7]Bernard Reilly and Myroslaw Kyj, "Economics and Ethics," *Journal of Business Ethics* 9 (September 1990): 691.

[8]Michael Novak, *This Hemisphere of Liberty* (Washington, D.C.: American Enterprise Institute Press, 1990), 87.

[9]Reilly & Kyj, "Economics and Ethics," 694.

[10]Ibid., 693.

[11]John Stuart Mill, *Mill's Ethical Writings*, ed. J. S. Schneewind (New York: Colbin Books, 1965), 281.

[12]Holmes, *Ethics*, 93.

[13]Paul H. de Vries, "Ethics and Economics for the USSR," presented at the Academy of the Social Sciences, Moscow, Russia, 19 January 1990.

[14]James R. Glenn, Jr., *Ethics in Decision-Making* (New York, John Wiley & Sons, 1986), 109-11.

Этика российского рынка
Антология

Мы выражаем свою признательность за разрешения,
предоставленные нам издателями и авторами статей,
выдержки из которых помещены в настоящей антологии —
Форейн Полиси Рисерч Институт ("Новогодняя речь
1990г." президента Гавела), Юниверсити Пресс оф Америка
и Майклу Новаку (глава "Экономические предпосылки
демократии" из книги "Это полушарие свободы" (1990)),
SCII/Деловые Люди, издателям журнала "Бизнес в СССР" и
Александру Зайченко ("Выйти из тени"), Центру политико-
экономических исследований и Питеру Дж. Хиллу ("Рынок и
мораль") Бизнес Раундтейбл ("Корпоративная этика —
основная ценность бизнеса") и Уильяма Б. Ээрдмансу и
Льюису Смидесу ("Уважение к правдивости" из книги
"Просто мораль" (1983)).

ISBN 1-879089-10-6

Дарлен и Саре

Содержание

Порядочность на практике

Предисловие

Французский поэт Шарль Пеги, короткая жизнь которого оборвалась в самом начале Первой мировой войны, заметил однажды: "Революция это или абсолютная мораль, или полная аморальность". В этой фразе заключена причина провала коммунистического эксперимента.

В тоже время, в ней заложено требование, которое должно быть удовлетворено новой революцией, открывающей пути к демократии и предпринимательству, пробивающимся как трава из-под камней в Центральной и Восточной Европе, включая Россию. "Революция это или абсолютная мораль, или полная аморальность".

Обратите, однако, внимание: рост экономики, основанной на свободном предпринимательстве, является необходимым, но не достаточным условием для успеха демократии. Почему? Потому что для успеха народовластия простые люди должны любить демократию и с готовностью подчиняться ее требованиям. Тем не менее, рядовые граждане не полюбят демократию, если условия их жизни и жизни их детей не будут улучшаться. Людей может побудить любить демократию лишь прогресс, возникающий вследствие роста экономической части "политической экономии." Две свободы, свобода политическая и свобода экономическая, прочно связаны между собой, причем вторая полностью зависит от первой.

В свою очередь, обе эти свободы зависят от того, возрастает ли число граждан, стоящих в своей повседневной жизни на твердых нравственных позициях. Демократия требует активности, твердости нравственных позиций и смелости — тех качеств, которые проявили граждане России во время провалившегося августовского переворота. В большей степени, чем представляет себе это большинство людей, очевиднее, чем выразили это в своих новаторских трудах либеральные экономисты-классики 18 и 19 веков, экономика созидания определяется тем, насколько нравственно ведут себя люди в повседневной жизни.

Дело в том, что экономика свободного предпринимательства — "капитализм", как мы кратко называем ее в Америке — это система, требующая внутреннего контроля личности за своим поведением. Ее успех зависит от навыков добровольного сотрудничества, взаимоуважения, взаимной честности и не знающей исключений справедливости. Неэтичное или безнравственное поведение обходится очень дорого, поскольку каждое отклонение от этого морального кодекса вызывает далеко идущие последствия. При широком распространении подобного поведения система перестает функционировать. "Революция это или абсолютная мораль, или полная аморальность". Причины разрушительного действия аморальности очевидны. Система свободного предпринимательства прежде всего добровольна и любое действие, совершаемое в ее рамках, является результатом добровольно взятых на себя обязательств. Это возможно лишь благодаря духовному обусловленному действию — доверию одного человека другому. Если доверие не оправдывается, добровольное сотрудничество становится невозможным. В результате, уменьшается возможность свободного выбора, экономический рост замедляется, а это приводит к тому, что активность отдельных граждан парализуется и созидательная мощь общества сходит на нет.

Кроме того, нельзя забывать, что национальное богатство создается инициативой и энергией отдельных граждан. Предположим, что российские законы снова признают право на частную собственность и все ограничения рыночных отношений будут сняты, однако люди останутся пассивными и бездеятельными и по прежнему будут рассчитывать на то, что все за них сделают "власти". В этом случае ничего не изменится. Ни частная собственность, ни свободный рынок сами по себе к наступлению капитализма не приведут. Капитализм будет создан лишь отважными, уверенными в своих силах, активными людьми. Созидание может быть только добровольным. Для того, чтобы сделать шаг в неизвестность, необходима отвага.

Следует подчеркнуть, что поскольку люди отличаются друг от друга творческой энергией и удачливостью, свободное общество не будет (и не может) приносить всем одинаковые успехи. Не будем забывать, однако, что это свойственно и коммунистическому обществу. Равенство, понимаемое как однообразие, противно человеческой природе, стремление к нему бесплодно. Люди должны научиться гордиться тем, что они отличаются друг от друга. Зависть разрушительна для свободного общества и ее необходимо преодолеть, ибо свобода влечет за собой различия в успехах. Успех отдельного гражданина должен рассматриваться как вклад в общее благо всех. Ни один народ не продвигается вперед сомкнутым строем; всегда находятся люди, которые идут впереди, зовя за собой других, но каждый человек должен пройти свой путь сам. "Поиски счастья" всегда индивидуальны и уникальны. Чувство собственного достоинства и уважение к другим людям должны научить нас восхищаться теми, кто талантливее или удачливее, чем мы сами.

Таким образом, экономическое развитие демократического общества основывается на свободной творческой деятельности и добровольном сотрудничестве. Эта творческая деятельность ни что иное, как подражание Творцу, создавшему каждого из нас по Своему образу. На дорожном знаке, указывающем направление к обществу созидания, написано: "Каждый человек, созданный по образу Божьему, должен действовать в соответствии с этим."

Таким образом, это высокая честь — принимать участие в проекте, соединяющем Запад и Восток, делая вместе то, чего хочет от нас наш общий Творец. Свобода начинается с повиновения Божьему закону, который больше похож на внутренний свет, чем на систему юридических установлений. Другого способа сохранить свободу нет.

Моральное возрождение начинается незаметно, как весна после зимы. Это дар, такой же дар как весна.

Вашингтон, округ Колумбия
Пасха 1992

Майкл Новак

История проекта

Институт изучения христианства Востока и Запада получил в 1991г. грант от Картейдж Фондейшн для исследования преимуществ этического подхода к организации рыночной экономики в бывшем Советском Союзе. С самого начала перед нами стояла цель обеспечить предпринимателей в государствах-наследниках Советского Союза методами практического анализа и руководством для объединенного подхода к решению экономических и этических проблем.

Группа консультантов обеспечивала необходимое руководство деятельностью по слиянию экономических и этических теорий с практикой бизнеса, базирующееся на их деловом опыте в производстве, инженерной деятельности и администрировании, а также академических дисциплинах — экономике, этике, теологии, философии и истории. В процессе работы над проектом консультанты, сами являющиеся активными предпринимателями, обеспечивали нас ценными советами, играли важную роль в организации конференции и написали шесть разделов настоящей антологии.

Три первоочередных цели проекта состояли в: 1) проведении в США конференции с участием предпринимателей, экономистов и советских специалистов, посвященной интеграции этических и экономических проблем; 2) организации московского семинара по этике бизнеса; и 3) публикации основанной на выводах конференции и семинара и других относящихся к этой проблеме источниках антологии по этике на русском рынке.

Уитонская конференция

Пятьдесят три участника из Советского Союза и Северной Америки встречались в Центре Билли Грэма в Уитон Колледже, Уитон, Иллинойс, со 2 по 4 мая 1991, чтобы рассмотреть религиозные и культурные основы экономической деятельности, моральные параметры деловой активности и этические основания ведения деловых переговоров и принятия решений. В своем кратком заключении доктор Кент Хилл рассмотрел относящуюся к теме конференции энциклику 1991г. папы Иоанна-Павла II Centisimus Annus. Результатом конференции явился полезный обзор хаотических изменений экономики и трансформации этических норм в последний год существования Советского Союза.

На Уитонской конференции, а точнее говоря, на протяжении всего времени работы над проектом, участники подходили к рассмотрению вопросов исходя из того, что высокие этические стандарты обеспечивают не только моральную, но и рациональную основу для эффективной рыночной экономики. Предпринимателям как в Северной Америке, так и в послесоветских государствах необходимо обратить особое внимание на неотложность призыва организовывать рыночные отношения, руководствуясь совестью и принципами объединения. Подчеркивая важность подобного подхода, профессор Джон Лахс из Университета Вандербильта заявил в своей пленарной речи "Моральные и социальные проблемы бизнеса", что "принудительная ответственность не является заменителем повышения уровня человечности".

Московский семинар

Около сорока американских, русских и грузинских предпринимателей и специалистов по этике, экономике и советологии встречались в Москве с 3 по 5 октября 1991г. для исследования моральных параметров экономической жизни. На пленарных заседаниях и групповых обсуждениях участники разбирали такие вопросы, как теологические корни этического поведения, ценности, лежащие в основе рыночной экономики, практические призывы к интеграции этики и экономики и веру и мораль, как естественные катализаторы экономического роста. И на Уитонской конференции, и на Московском семинаре консультанты проекта руководили групповыми обсуждениями, на которых рассматривались различные культурные, этические и связанные с принятием решений аспекты деловой деятельности.

И в Уитоне, и в Москве, выступающие представляли различные учреждения и организации, в том числе и советские — Академию национальной экономики, базирующуюся в Москве Ассоциацию христианских бизнесменов, Институт США и Канады, Московский государственный университет, Университет Вандербильта, Ассоциацию меннонитских семинарий, Институт религии и демократии, Совьет Юнион Нетворк, Славик Госпел Ассошиейшн, Экселькейр, Микрософт, Продьюс Рипортер, СП Диалог и его американского партнера Менеджмент Партнершип Интернейшнл, Центр Билли Грэма и Институт изучения христианства Востока и Запада Уитон Колледжа.

Антология по этике и экономике

Заключительной и наиболее важной частью проекта была подготовка настоящей антологии по этике и экономике для русских предпринимателей. Мы приложили максимум усилий, чтобы полностью оценив крайнюю серьезность экономических проблем и проблем выживания в бывшем Советском Союзе, дать при этом реальную надежду на будущее. Особенностями этой книги является и то, что она выходит на двух языках и то, что в ней помещены выдержки из двух глубоких и вдохновенных работ, утверждающих неизбежность связи между моральным (или аморальным) поведением и экономической жизнью: энциклики папы Иоанна-Павла II Centisimus Annus и новогодней речи 1990г. президента Чехословакии Вацлава Гавела.

Возможность практического завершения проекта — издания настоящей антологии, — казалась особенно сомнительной во время попытки переворота 19-21 августа 1991г. Зловещая перспектива возвращения Советского Союза к консервативной идеологии казалось в это время особенно вероятной. К счастью, переворот провалился. Попытка перевести стрелки часов назад на деле ускорила распад Советского Союза и резко ускорила движение экономической реформы в направлении рыночной экономики. Конечно, если бы переворот удался, бесчисленные экономические инициативы, включая и настоящую антологию, оказались бы мертворожденными.

Выражения благодарности

В Уитонскую и Московскую встречи, совпавшие с фундаментальными переменами в русской истории, а также в подготовку настоящей антологии внесли свой вклад многие талантливые лица и организации. Каждый консультант привнес в решение задачи особые знания и опыт.

Марк Бойс, бывший менеджер по маркетингу компании Микрософт, недавно приступил к работе в Бродвью Ассошиейтс, ведущей фирме в индустрии информационной технологии. Он входит в совет директоров Совьет Юнион Нетворк-ЮСА, и имеет богатый опыт международного культурного общения. Джим Карр является исполнительным вице-президентом Продюс Рипортер, фирмы по оценке кредитоспособности в сельскохозяйственной индустрии. Имеет опыт международной деятельности и является специалистом по финансированию сельского хозяйства (в Харрис Бэнк). Преподавал менеджмент в Колледж оф Дю Пейдж и Уитон Колледже. Недавно был привлечен к консультациям по менеджменту для предпринимателей бывшего Советского Союза. Нил Нильсон является генеральным директором Менеджмент Партнершип Интернейшнл (МПИ), американского партнера СП Диалог и принимает участие в деятельности советских совместных предприятий с 1987г. В бывшем Советском Союзе МПИ имеет действующие предприятия в областях компьютерного программного и аппаратного обеспечения, строительства, недвижимости, медицинских и информационных услуг и лесной, нефтяной и газовой промышленностей.

Пол Скотчмер является президентом Рашен Трежарс Инкорпорейтед, фирмы по импорту и оптовой продаже произведений русского народного искусства. В прошлом он был исполнительным директором организации "Пресвитериане за демократию и религиозную свободу". Ему принадлежит ряд работ по проблемам марксизма и трудовой этики в западных обществах. Донн Зибелл является исполнительным директором по особым делам Славик Госпел Ассосиейшн и президентом Зибелл Ассошиейтс, которая организует семинары по бизнесу в области производства, менеджмента и этики для менеджеров российских промышленных предприятий.

Кроме того, нам оказали неоценимую помощь Александр Зайченко и Питер Дж. Хилл. Александр Зайченко был консультантом Государственной Комиссии по экономической реформе Совета Министров СССР; в настоящее время он является директором программы по бизнесу и рыночным отношениям Академии Национальной Экономики (Москва) и президентом базирующейся в Москве Ассоциации христианских бизнесменов. Питер Дж. Хилл занимает профессорский пост памяти Джорджа Ф. Беннетта по экономике в Уитон Колледже; он широко известный лектор, автор и консультант, специализирующийся в вопросах, относящихся к рыночной экономике и частной собственности.

Кристофер Шор из Совьет Юнион Нетворк и Кент Хилл из Института религии и демократии высказали в процессе работы над проектом ряд полезных замечаний, а Александр Зайченко, Вадим Молодый, Андрей Семенчук, Вальтер Саватский, Джон Лахс, Питер Дж. Хилл и Джим Халтеман прочитав рукопись, дали немало ценных советов и предложений.

Кроме того, мы благодарим Бориса и Вадима Молодых, которые перевели и отредактировали русское издание антологии и набрали текст в русском формате, и Дотси Уэлливер и Лорис Мэйс, которые отредактировали и набрали английское издание. Мы благодарим Келли Мэлоун, Дениз Питерсон и Ивонн Бедфорд-Адамски, взявших на себя всю тяжесть секретарской работы и Боба Шиндлера, активно помогавшего в исследовательской деятельности. Джорджия Дугласс оказала значительную помощь в издании антологии, а Линетт Холм, разработавшая проект обложки, придала ей необходимый внешний вид.

Мы выражаем свою признательность издателями и авторами статей, выдержки из которых приведены в этой антологии. Мы благодарим Институт изучения иностранной политики за предоставленную нам "Новогоднюю Речь, 1990" президента Вацлава Гавела, издательство Юниверсити Пресс оф Америка и Майкла Новака за главу "Экономические предпосылки демократии" из его книги "Это полушарие свободы" (1990) и написанное им предисловие, ассоциацию "Деловые люди", издателя журнала "Бизнес в СССР" и Александра Зайченко за его статью "Выйти из тени", Центр политико-экономических Исследований и Питера Дж. Хилла за его статью "Рынок и мораль", Бизнес Раундтейбл за статью "Корпоративная этика — основная ценность бизнеса" и Уильяма Б. Ээрдманса и Льюиса Смидеса за главу "Уважение к правдивости" из книги "Просто мораль" (1983).

Наконец, от имени консультативной группы, мы хотели бы добавить, что гордимся своим участием в проекте, который с таким энтузиазмом поддержал Картейдж Фондейшн.

Скотт Лингенфельтер, Марк Р. Эллиотт, редакторы

ВВЕДЕНИЕ

В Москве в августе 1990г. я посмотрел самый мрачный фильм из всех, что мне приходилось видеть — "Так жить нельзя" Станислава Говорухина. Известный, главным образом, детективами Говорухин на сей раз создал отрезвляющий документальный фильм не только об "исторических ужасах" Кремля, но и о том непрекращающемся кошмаре, в пучину которого погружен многострадальный народ его страны. "Физически изуродованные недоеданием и непосильной работой, лишившиеся нравственных ориентиров благодаря коммунистической лжи и отсутствию религиозных ценностей, люди, попавшие в поле зрения говорухинской камеры, — пишет журнал "Москва", — все какие-то чахлые, жалкие, почти гротескные. "Когда мы стали такими? — с тихой болью спрашивает он, в то время как эти уроды сменяют друг друга на экране. "Самое страшное преступление этого режима — создание нового типа личности, и именно такими личностями мы и стали".

"Нас ждет уголовный террор, — провозглашает Говорухин, как библейский пророк. "Общество безнравственно... Законов нет... Завтра лучше не будет, будет еще хуже. Такое общество, общество без надежды, должно неминуемо погибнуть".[1]

Советская пресса эпохи гласности также осветила беды первого марксистского государства, и моральные, и материальные: низкую производительность труда, частые аварии в промышленности и на транспорте — Чернобыль просто самая серьезная из них,— всеобъемлющую коорупцию снизу доверху, обнищавшее население, живущие на такие же ничтожные доходы, как и в третьем мире, и устрашающий набор с трудом поддающихся лечению социальных язв, таких как повышение детской смертности, отказы от детей (таковы 90% всех сирот), уменьшение средней продолжительности жизни мужчин, ухудшение медицинского обслуживания и социального обеспечения, а также рост преступности, алкоголизма, наркомании и числа разводов.[2]

Задолго до своей отставки в декабре 1991г. Михаил Горбачев признавал, что плохое экономическое состояние Советского Союза коренится, по крайней мере частично, в нравственной деградации общества. В Риме в начале декабря 1989г. накануне своей исторической встречи с папой Иоанном Павлом II последний советский вождь не только выразил журналистам сожа-

---

Марк Р. Эллиотт получил степень доктора исторических наук в университете штата Кентукки. В настоящее время работает профессором истории и директором института изучения христианства Востока и Запада Уитон Колледжа. Профессор Эллиотт является автором книги "Пешки Ялты: советские беженцы и роль Америки в их репатриации" (Издание университета штата Иллинойс, 1982), редактором научных трудов "Христианство и марксизм по всему миру: аннотированная библиография" и "Справочник по восточноевропейским миссиям", а также соредактором книг "Справочник по восточно-западным христианским организациям", "Антология по тике русского рынка" и "Изучение христианства и марксизма в системе высшего образования США: справочник по силлабусам".

ление по поводу ошибок, допущенных Москвой по отношению к церкви, но и призвал христиан к активному участию в построении заново этических основ Советского Союза.[3] "Мы нуждаемся в духовных ценностях, — признал он. "Нравственные ценности, которые религия породила и веками претворяла в жизнь, могут помочь процессу обновления нашей страны."[4]

Теперь, после того, как 70 лет религию отвергали как гнуснейшее из суеверий, интеллигенция страны, работники системы просвещения и политические лидеры говорят совсем по-другому.

Писатели России первыми привели в печати неопровержимые факты чудовищного социального и морального кризиса, справиться с которым Кремль не может. В мае 1986г. Виктор Астафьев в московском литературном журнале "Наш современник" с горечью говорил об утраченной вере и отвергнутой нравственности:

"Что с нами случилось? Кто вверг нас в пучину горя и почему? Кто погасил свет доброты в нашей душе? Кто задул светоч нашей совести, столкнул нас в глубокую черную яму, где мы бредем ощупью, не находя дна?... Раньше мы жили со светом в душе,... он помогал нам не бродить впотьмах, не выцарапывать друг другу глаза и не ломать ближнему кости. Его у нас украли, а взамен ничего не дали, взрастили безверие, всеохватывающее безверие... Кому нам молиться? У кого просить прощения?"[5]

Евгений Евтушенко, известный поэт, в интервью одной центральной советской газете еще в 1986 г. заявил, что человек не может считаться образованным, если он не читал Библии, — и что государство должно ее издать.[6]

Американский социолог, вернувшийся из СССР после чтения лекций в 1989 г., сообщил коллегам, что "люди хотели знать, что говорит западная социология о возможности установления в обществе норм порядочности и высоких этических критериев".[7] Проректор одного советского университета сидел в кабинете у автора этой статьи весной 1990 г. и с подлинным чувством говорил о том, что советской системе высшего образования нобходима религия, — чтобы гуманизировать ее, чтобы подвести под нее фундамент человеческих ценностей.[8]

На национальном съезде Американской Ассоциации развития славистики (2—5 ноября 1989 г.) социолог из Академии наук СССР профессор Михаил Мацковский выступая перед в высшей степени светской американской аудиторией заявил, что кризис советского общества коренится в размытости его нравственных основ, основ, которые, как он полагает, могут быть восстановлены лишь с помощью нравственных доктрин Библии.

Если экономическая конкуренция будет свободно царить в моральном вакууме, это породит культ богатства и моральное и экономической обнищание. Выражаясь словами Майкла Новака, "демократический капитализм — это не только   система свободного предпринимательства . Он не может процветать в отрыве от нравственной культуры, что питает те добродетели и ценности, на которые он опирается." Напротив свободный рынок в действии, в рамках культуры, всерьез воспринимающей ценности иудео-христианского наследия, способствует росту материального благосостояния, налагая разумные ограничения на конкуренцию, ограничения, которые одновременно и гуманны и экономически выгодны. Еще раз процитируем Новака: "У морально-культурной системы... множество законных и необходимых ролей в экономической жизни — она не только поощряет самоограничение, усердие в работе, дисциплину и жертвы ради будущего, но и требует щедрости, сострадания, честности и заботы о всеобщем благе."[9] Одна из главных опасностей, подстерегающих Восточную Европу без Маркса, — это быстрое внедрение системы свободного предпринимательства в обществе, где отсутствует благотворное влияние иудео-христианских этических основ, — ведь и западные общества страдают от размывания тех же самых моральных устоев. В своем новогоднем (1990г.) обращении к народу бывший чешский диссидент, а ныне президент, Вацлав Гавел красноречиво аттестовал моральное банкротство, которое марксизм оставил в наследство Восточной Европе:

> "Самое страшное это то, что мы живем в морально разложившейся среде. Мы стали нравственно больными, потому что привыкли говорить одно, а думать другое. Мы научились ни во что не верить, не думать о других и думаем только о себе. Такие понятия как любовь, дружба, сочувствие, смирение и прощение, потеряли присущую им глубину и объем. Мало кто из нас решился крикнуть, что могущественные не должны быть всемогущими..."[10]

Стоит поразмыслить, к каким перекосам может привести внедрение рыночной системы в обществах, которые разочаровались в марксизме, но еще не освободились от сильнейшего многолетнего влияния системы просвещения, враждебной религии и ее этическим наставлениям. Чтобы облегчить проникновение капитализма в восточно-европейские общества, в которых отсутствуют твердые моральные устои, необходимо приобщить членов этих обществ к принципам, утверждающим высокие этические нормы человеческих отношений, не исключая из них и рыночные. Канадский предприниматель Артур Де Фер, вернувшись в марте 1990г. из Киева, где проходил семинар по бизнесу, написал: "Рыночная система функционирует лучше всего, когда в общественных и экономических отношениях существует достаточный уровень честности. Налаженный рынок до некоторой степени такую честность обеспечивает, но степень эта неизмеримо возрастает, если привлечь те социальные, исторические и религиозные традиции, которые поддерживают нравственность изнутри."[11]

В другой статье Де Фер сформулировал это еще более сжато: "Без приемлемого уровня честности рыночная система ведет всего лишь к новым перекосам".[12] Американский экономист доктор П.Дж. Хилл утверждает примерно то же самое: "Фундаментальная честность, готовность уважать контракты, а также доверие — все это нравственные категории, которые могут значительно сократить расходы на оценку и управление экономической деятельностью. Действительно, некоторые специалисты считают, что отсутствие этих категорий служит серьезным препятствием на пути развития некоторых регионов мира."[13]

Наконец, широко известный московский экономист доктор Александр Зайченко также настаивает на необходимости нравственных основ для эффективной и гуманной рыночной системы:

> "Должна быть предпринята трудная, но необходимая работа по установлению и соблюдению норм честности и порядочности в бизнесе, без которых эффективный рынок немыслим. Религия и церковь могут сыграть здесь важную роль. Необходимо понять, что не рынок формирует этику бизнеса, как думают многие, а устойчивый моральный кодекс формирует этику, которая, в свою очередь, устанавливает нормы для свободного и честного бизнеса. Так, любой взятый на вооружение "кодекс чести бизнесменов", если в его основе не лежат универсальные нормы нравственного поведения, даст столь же мизерные результаты, как и "кодекс строителя коммунизма", созданный в 60-е годы."14

Представляется очевидным, что введение рыночной системы в моральном и идеологическом вакууме послемарксистской Восточной Европы без прочного нравственного фундамента послужит почвой для новых трагедий в той части мира, где их и так было слишком много. Институт Изучения Христианства Востока и Запада надеется, что этот том, посвященный решающей роли взаимоотношений между этикой и экономикой, поможет появившимся на марксистском пепелище предпринимателям усвоить как моральную необходимость, так и утилитарные преимущества ведения бизнеса на основе высоких этических принципов.

Марк Эллиотт, профессор истории и директор
Института изучения
христианства Востока и Запада
Билли Грэм Центр, Уитон Колледж, Уитон, Иллинойс

Библиография

1"Кэри Голдберг, "'Я обвиняю' режиссера Говорухина" журнал "Москва", Август 1990, 70.

2Франсуаз Том, "Феномен Горбачева," Полиси Рисерч Пабликейшн, Лондон, 1988, 5-8, 12; Владимир Тремл, Алкоголь в СССР, статистическое исследование (Дурхэм, Северная Каролина: Дьюк Юниверсити Пресс, 1982), ix-xii, 70, 80.

3Нью Йорк Таймс, 31 декабря 1989.

4"Призыв Горбачева к возврату к духовным ценностям," Глоб энд Мэйл, 1 декабря 1989, 1.

5Цитируется Марком Эллиоттом в "Гласность и церковь: полуоткрыто или полуприкрыто окно?," Этот Мир 24 (Зима 1989): 130.

6Евгений Евтушенко: "Культура — источник нравственности," Комсомольская Правда, 10 декабря 1986, 2. Статья обсуждается Оксаной Антик в "Советские писатели и поиски Бога," Радио Либерти Рисерч RL201/87 (Май 26, 1987).

[7]Харви Молотч, "Лекции в СССР," Америкен Социолоджикал Ассоши-ейшн Футнотс (Ноябрь 1989): 3.

[8]Маргарита Петровна Дворжецкая, Киевский Государственный педагоги-ческий институт иностранных языков, 15 марта 1990.

[9]Майкл Новак, Дух демократического капитализма (Лэнхэм, Мэриленд: Мэдисон Букс, 1991), 57-58.

[10]Орбис 34 (Весна 1990); 253-61.

[11]"Христианские предприниматели и перестройка," 8 марта 1990, 1.

[12]"Может ли перестройка преуспеть без моральной основы?" неопубли-кованный доклад, 1.

[13]Джорнел оф Прайвет Энтерпрайз (Осень 1989); 3.

[14]"Выйти из тени," Деловые Люди"№ 2 (Июнь 1990); 41.

Этические измерения экономической жизни:

Восток и Запад

Новогодняя речь (1990г.) президента Вацлава Гавела.

Дорогие сограждане!

Последние сорок лет в этот день вы слышали моих предшественников, произносящих разные вариации одной и той же темы: как процветает наша страна, как мы все счастливы, как мы доверяем своему правительству и какие прекрасные перспективы перед нами лежат. Я не думаю, что вы выбрали меня на этот пост для того, чтобы я вам лгал.

Наша страна не процветает. Огромный творческий и духовный потенциал нашего народа используется далеко не до конца. Целые секторы промышленности производят вещи, которые никому не нужны, в то время как того, что действительно необходимо, нам не хватает.

Государство, которое называет себя государством рабочих, унижает и эксплуатирует их. Наша архаичная экономика проматывает энергию, которой нам не хватает. Страна, гордившаяся когда-то уровнем образованности своего народа, отпускает на образование так мало средств, что оказалась сегодня на 72-ом месте в мире. Мы опустошили и испоганили реки и леса, которые завещали нам наши предки, и сегодня у нас худшая экологическая ситуация в Европе. Взрослые жители нашей страны умирают раньше, чем в большинстве государств Европы...

Самое страшное то то, что мы живем в морально разложившейся среде. Мы стали нравственно больными, потому что привыкли говорить одно, а думать другое. Мы научились ни во что не верить, не думать о других и думаем только о себе. Такие понятия как любовь, дружба, сочувствие, смирение и прощение, потеряли присущую им глубину и объем. Мало кто из нас решился крикнуть, что могущественные не должны быть всемогущими...

Когда я говорю о прогнившем моральном окружении... я имею в виду всех нас, протому что все мы привыкли к тоталитарной системе, приняли ее как неизменный факт и, следовательно, поддерживали ее. Никто из нас не является по отношению к ней лишь жертвой, потому что мы все вместе помогали её создать...

Давайте не будем обманывать себя: даже самое лучшее правительство, самый лучший парламент и самый лучший президент могут сделать сами по себе совсем немного, и было бы глубоко несправедливым ожидать, что они одни все исправят. Свобода и демократия, в конце концов, значат, что у каждого из нас есть своя роль, и что все мы несем общую ответственность...

Уверенность в самом себе — не гордыня. Напротив, только народ, уверенный в себе в лучшем смысле этого слова, может слушать других, принимая

Перед тем, как занять пост президента Чехословакии в 1990 году, Вацлав Гавел был известным драматургом и лидером борьбы за права человека в ЧССР, особенно в рамках движения "Хартия 77". Приводимый отрывок из его новогодней речи 1990 года был опубликован в Орбис 34 (Весна 1990), стр. 254-261 и используется с разрешения Форейн Полиси Рисерч Институт.

их как равных, прощать врагов и сожалеть о своих ошибках. Давайте же попробуем ввести в жизнь нашего общества и в наше поведение на международной арене чувство уверенности в себе. Только так мы сумеем восстановить наше самоуважение, только так мы научимся уважать друг друга и заслужим уважение других народов...

Наш первый президент написал: "Иисус, а не цезарь..." Томаш Масарик основывал свою политику на нравственнности. Давайте же попробуем, в новое время и по-новому, вдохнуть жизнь в эту политическую концепцию. Давайте учить и себя и других тому, что политика должна быть отражением стремления внести вклад в счастье страны, а не необходимости обманывать или грабить общество. Давайте научим и себя и других тому, что политика не должна быть искусством возможного, особенно если это означает искусство спекуляций, рассчетов, интриг, секретных соглашений и прагматического маневрирования, но что она может быть искусством невозможного, то-есть искусством делать лучше и нас и весь мир.

Папа Иоанн Павел 2-й. Centisimus Annus, май 1991

Экономика современного бизнеса имеет ряд несомненных достоинств. В ее основе лежит человеческая свобода, используемая в экономической области так же как и во многих других областях. Разумеется, экономика представляет собой лишь один из аспектов великого разнообразия человеческой деятельности и, также как любой из них, подразумевает право на свободу и обязанность ответственно ей пользоваться. Важно отметить, однако, что между тенденциями настоящего и прошлого (даже недавнего) есть существенные различия. Если когда-то определяющим фактором производства была земля, а позднее — капитал, понимаемый как полный комплекс орудий производства, решающим фактором нынешнего дня во все большей степени является *личность участника производства*, то есть его знания, в первую очередь научные, его способности к взаимодействию и сплочению в объединения и, наконец, его способность чувствовать и удовлетворять нужды других людей...

Здесь, однако, необходимо указать на связанные с этим опасности и проблемы. Общеизвестно, что в наши дни множество, а возможно и большинство людей не имеют средств, которые позволили бы им эффективным и достойным человека образом занять свое место в производственной системе, главная роль в которой действительно принадлежит работе. Эти люди не имеют возможности приобрести базовые познания, которые позволили бы им достичь творческого самовыражения и раскрыть свой потенциал. У них нет способа овладеть знаниями и организовать связи, которые позволили бы им увидеть как оцениваются и используются их достоинства. Таким образом, если они и не эксплуатируются в буквальном смысле этого слова, они являются экономическими маргиналами; экономическое развитие происходит как бы вне их, даже если на самом деле оно не суживает и без того узкие рамки их архаичной экономической деятельности. Их продукция не способна конкурировать с товарами, производимыми новыми способами и по новому удовлетворяющими те потребности, которые они привыкли удовлетворять с помощью традиционных структур. Ослепленные блеском недоступного для них изобилия и одновременно движимые нуждой, эти люди заполняют города третьего мира, нередко отрываясь от своих культурных корней и попадая в ситуацию полной неопределенности без какой бы то ни было возможности интегрироваться. Они подвергаются всяческим унижениям, вплоть до того,

Известный в миру как Кароль Войтыла, папа Иоанн Павел II родился в польском городе Вадовице. Был избран римским епископом осенью 1978 года. Активная деятельность папы включает в себя частые поездки по всему миру, многочисленные послания и действенные выступления в защиту прав человека. Публикуемый отрывок из майской нциклики 1991 года приведен по тексту ватиканского перевода на английский язык с сохранением авторского курсива.

что иногда предпринимаются попытки вычеркнуть их из истории при помощи насильственных методов демографического контроля, несовместимых с человеческим достоинством.

Многие люди хотя и не становятся маргиналами в полном смысле этого слова, попадают в положение, при котором им приходится тратить все силы на борьбу за достижение скудного минимума. Ситуации, в которых они находятся, подчинены безжалостным правилам раннего капитализма и ни чем не отличаются от мрачного периода первой фазы индустриализации. В других случаях земля остается центральным элементом экономического процесса, но те, кто ее возделывают, исключены из владения и сведены до состояния квазирабства.[1] В этих случаях по-прежнему, как и в дни Rerum Novarum, можно говорить о бесчеловечной эксплуатации. Не смотря на огромные перемены, произошедшие в высокоразвитых обществах, социальные проблемы капитализма и являющееся их результатом господство вещей над людьми далеки от исчезновения. На самом деле, бедные не только лишены материальных благ, но и страдают от отсутствия знаний и невозможности учиться, что не дает им возможности избежать состояния унизительного порабощения...

Церковь признает законную *роль прибыли*, являющейся показателем полноценного функционирования бизнеса. Если фирма получает прибыль, это значит, что производительные факторы были должным образом использованы, а соответствующие человеческие потребности — должным образом удовлетворены. Но прибыльность не является единственным показателем деятельности фирмы, финансовые отчеты которой могут быть в полном порядке, в то время как люди — ее самое ценное достояние — подвергаются унижениям, оскорбительным для человеческого достоинства. Кроме того, что это неприемлимо морально, это в конечном счете отразится негативно и на экономической эффективности фирмы. На самом деле, цель деятельности фирмы не может быть сведена лишь к получению прибыли; эта цель должна быть найдена в самом факте существования фирмы как *сообщества личностей*, стремящихся разными путями удовлетворить свои основные потребности, и образующих данную конкретную группу, служащую всему обществу. Прибыль является важным, но не единственным регулятором деятельности бизнеса; необходимо принимать во внимание и *другие человеческие и моральные факторы*, которые, по крайней мере в долгосрочной перспективе, столь же важны для жизнеспособности бизнеса...

Существуют общественные и личностные потребности, которые не могут быть удовлетворены рыночными механизмами. Есть важные человеческие потребности, которые не поддаются логике рынка. Есть блага, которые по самой своей природе не могут и не должны покупаться или продаваться. Разумеется, рыночные механизмы дают несомненные преимущества: они помогают рациональнее использовать ресурсы, способствуют обмену товарами, отводят центральное место желаниям и приоритетам каждого конкретного человека, сталкивающимся, в свою очередь, с желаниями и приоритетами других людей. Тем не менее, в этих механизмах заложена опасность "идолопоклонства" перед рынком, идолопоклонства, игнорирующего существование благ, которые по своей природе не являются и не могут быть только товарами...

Может быть, можно сказать, что после падения коммунизма капитализм является победоносной социальной системой, и что именно к нему должны стремиться страны, предпринимающие сейчас попытки перестроить свои экономику и общество? Это ли та модель, которая должна быть предложена... в качестве пути к истинному экономическому и гражданскому прогрессу?

Ответ весьма непрост. Если понимать под "капитализмом" экономическую систему, признающую фундаментальную и позитивную роль бизнеса, рынок, частную собственность и вытекающую из этого ответственность за средства производства, а так же свободную творческую деятельность в экономическом секторе, ответ безусловно положителен, хотя было бы уместнее говорить об "экономике бизнеса," "рыночной" или просто "свободной" экономике. Однако если под "капитализмом" понимается система, при которой свобода в экономическом секторе не ограничена твердыми рамками закона, направляющего ее на служение человеческой свободе в широком смысле слова, и рассматривающего экономическую свободу как частный случай свободы человеческой, являющейся по своей сути религиозно-этической, ответ безусловно отрицателен...

Действенные и истинно эффективные модели могут возникать только в рамках различных исторических ситуаций, благодаря усилиям всех тех, кто полностью осознавая свою ответственность противостоит конкретным проблемам во всех их социальных, экономических, политических и культурных аспектах и в их взаимодействии друг с другом.[2] Для решения этой задачи церковь предлагает свое социальное учение как *незаменимый и идеальный ориентир*; это учение, как уже было сказано, признает положительное значение рынка и предпринимательства, но в то же самое время указывает, что они должны быть ориентированы на общее благо. Это учение также признает законность усилий рабочих добиться полного уважения их достоинства и достичь более широкого участия в жизни промышленных предприятий, с тем, чтобы сотрудничая с другими людьми и под их руководством они могли в определенном смысле "работать на себя"[3], опираясь на собственный разум и свободу.

Интегральное развитие человеческой личности через работу не препятствует, а скорее способствует большей продуктивности и эффективности самой работы, хотя и может ослабить консолидированные структуры власти. Бизнес нельзя рассматривать только как "объединение средств производства"; это также и "объединение личностей", в котором различным образом и с различной ответственностью участвуют люди, независимо от того, представляют ли они необходимый для деятельности компании капитал, или принимают участие в этой деятельности своим трудом.

Примечания

[1]Энциклика Laborem Exercens (14 сентября 1981), AAS 21, 632-634.
[2]Второй ватиканский экуменический совет, Послание о Церкви в сегодняшнем мире Gaudium et Spes, 36; Павел VI, Апостольское послание Octogesima Adveniens, 2-5, 402-405.
[3]Laborem Exercens, 15, 616-618.

Экономические предпосылки демократии

Майкл Новак

Когда мы исследуем экономические предпосылки демократии, наиболее информативно делать это с точки зрения бедных. Ничто не вызывает большей любви бедных к демократии, чем способность семей, находящихся внизу общественной лестницы, улучшать день ото дня свое экономическое положение, и ничто так не озлобляет бедных против демократии, как экономический застой или спад. Бедным необходимо испытывать осязаемый экономический прогресс в своей жизни даже в большей степени, чем другим слоям общества. Они не ожидают рая на земле, но хотят видеть перспективу постоянного улучшения. Таким образом, демократия без экономического прогресса для бедных вряд ли будет иметь поддержку, поскольку не сможет добиться любви, необходимой для продолжения её существования.

Конечно, уроки двадцатого века научили нас тому, что человеческая свобода включает в себя различные составные части. В действительности, свобода триедина. Она состоит из трёх равных частей: политической свободы, экономической свободы и моральной и культурной свободы, причём политическая свобода требует свободы экономической, а обе эти свободы требуют свободы моральной и культурной — свободы ответственности, свободы свободного ума и свободного сердца отражать и выбирать пути собственной судьбы. "Бог, создавший нас, создал нас свободными" — свободными морально, свободными политически, свободными экономически. Одной из этих свобод без других недостаточно. Ее недостаточно не только самой по себе, но также и как необходимой защиты для двух других. Каждая из этих трех свобод нуждается в двух остальных для своего собственного существования.

Возможно, что из-за страшной опасности тоталитарного мышления двадцатого века, мы, со времен Второй Мировой Войны, уделяли слишком много внимания свободе политической, явно нанося тем самым ущерб ее предпосылкам, как экономическим, так и моральным. Пришло время исправить это упущение. "Демократия" сама по себе уже не является эффективным боевым кличем, ибо она едва ли может сохраняться при отсутствии

Майкл Новак занимает почетный пост памяти Джорджа Фредерика Джуэтта по религии и государственной политике в Америкэн Энтерпрайз Институт (Вашингтон, округ Колумбия). Занимал различные посты в ряде университетов; был послом США при Комиссии ООН по правам человека в 1981-1982 годах и на Бернской встрече Комиссии по безопасности и сотрудничеству в Европе в 1986 году. Является автором книг "Принимать гласность всерьез", "Дух демократического капитализма" и еще около двадцати работ по философии, теологии, политической экономии и культурологии.
Публикуемый отрывок взят из главы под таким же названием из книги "Это полушарие свободы: философия Америк" (Вашингтон, округ Колумбия, Америкэн Энтерпрайз Институт Пресс, 1990), с разрешения издателя и автора.

моральных и экономических свобод. К сожалению, это легко увидеть в сегодняшней многообещающей борьбе за демократию в Восточной Европе и Латинской Америке.

Среди трех упомянутых свобод есть одна, которая, как мы уже видели, занимает первое место — это моральная, религиозная, культурная свобода, то есть свобода пользоваться данными человеку способностями к размышлению и выбору. Мы имеем эти способности, ибо мы созданы по образу нашего Творца, самые любимые имена Которого и в иудейском и христианском Заветах — Свет и Любовь. Построение цивилизации, относящейся более уважительно к размышлению и выбору, чем любая другая, известная в истории — наша постоянная задача.

Под системой морально-культурной свободы я подразумеваю свободу совести и свободный обмен информацией и идеями. Кроме того, я имею в виду свободу основных морально-культурных структур — церквей, семей, университетов, прессы и других духовных, художественных и культурных объединений. Тоталитарное общество старается уничтожить эту систему морально-культурной свободы и всячески ее душит. Свободное общество, напротив, позволяет ей расти, постоянно расширяя гражданское пространство для каждодневных упражнений в размышлении и выборе.

Человеческий капитал

Этот примат системы морально-культурной свободы переходит в экономику. Первоначальной причиной богатства народов является человеческий разум — открытия, изобретения, организация, предприятие. Ресурс номер один свободной экономики — человеческий капитал. Величайшим единичным источником богатства каждого народа является способность творить, данная Творцом сердцу и душе каждого человека. Каждый гражданин является величайшим экономическим ресурсом всего народа. Каждому человеку Бог дал способность создать на протяжении жизни больше, чем он ПОТРЕБИТ. В этом заключен главный принцип экономического прогресса человечества и при его нарушении никакого экономического развития происходить не будет.

Почти в каждой интеллектуальной культуре Запада, тем не менее, истинная природа свободной экономики воспринимается неправильно. Карл Маркс пытался осквернить слово "капитализм" определяя его как аморальную силу, в противовес его собственной туманной утопии. К несчастью, эта марксистская утопия превратилась, по словам Вацлава Гавела, в страшный кошмар[3]...

Отличительной чертой капиталистической экономики является ее оригинальное открытие, что первичным источником экономического развития является ум. Причина богатства, это изобретение, открытие, предприятие. Поэтому, между прочим, капиталистическая система так интересна. Она приводит в восхищение изобретательный ум. Она пробуждает творческие способности обычных людей. Она делает фермеров более внимательными в подходе к выбору семян, почв и удобрений[4]. Она делает граждан более осведомленными в своих собственных скрытых способностях и окружающих ресурсах, на которые раньше не обращали внимание. Кроме того, она заставляет одних людей изучать нужды и желания других, чтобы понять, какие из отсутствующих в настоящее время товаров, необходимых для улучшения жизни, нужно произвести. Капиталистическая система отличается от любой

другой уровнем изобретательности и предприимчивости, присущим всему населению и преображающим его из пассивного и безразличного в экономически активное. Капиталистическая система начинается с самого низа; она возвышает многих людей, наделенных талантами к предпринимательству и изобретательству, из числа тех, кто родился очень бедным. Обычно она начинается, по удачному выражению Гая Сормана, как "босоногий капитализм"[5]. Каждый гражданин на земле был наделен Богом добродетелью предпринимательства. Экономическая система, свободно дающая этим гражданам пользоваться этой неотъемлемой способностью, вызывает их восхищение.

Не так просто, однако, разработать социальную систему, которая действительно освобождает людей для свободного предпринимательства. Многие народы нашей планеты этого еще не сделали. (В ряде языков нелегко найти слово с положительным оттенком, означающее предприимчивость — сочетание морального достоинства действий с личной инициативой и творчеством — потому что социальные условия подавляли реальность, на которую указывало бы такое слово.) Создать социальную систему, которая бы продвигала и поддерживала это имеющее исключительное значение моральное достоинство — единственная важная задача для партии свободы на следующие десять лет. Судьбы демократии зависит от ее решения.

Практическая повестка дня

Размышляя над этой задачей, я попытался составить практическую повестку дня для Восточной Европы, Латинской Америки и остального мира, состоящую из десяти практических предложений. Как и любое другое моральное достоинство, предприимчивость гораздо шире распространена среди народа, социальная система которого не наказывает, а поддерживает и поощряет ее. Для выполнения двух этих требований общество, желающее построить экономическое основание для свободного государства, должно сосредоточить максимум усилий на изменении своих социальных установлений и законов.

Итак, вот десять практических предложений, являющихся политической платформой партии свободы:

> узаконить неотъемлимое право личной экономической инициативы

> позволить множеству людей, работающих в неформальном или нелегальном секторах, быстрый, простой и недорогой доступ к легальной инкорпорации

> наделить граждан, находящихся сейчас в неформальном секторе, всей соответствующей легальной и социальной поддержкой их экономической детельности и создать соответствующие учреждения для того, чтобы помочь им этим воспользоваться

> основать учреждения кредита, доступные для бедных, дающие рекомендации по организации успешных предприятий

поощрять с помощью законов и системы налогов фактически всеобщее частное домо- и землевладение с полными правами вечной собственности (включая право купли и продажи недвижимости)

наделить работников государственной индустрии, коммунального хозяйства и т.п. акциями этих предприятий на основании специально составленных планов

распродать большую часть госпредприятий частным лицам, т.е. "приватизировать" их через максимально широкую систему общественного владения, ставя перед собой цель всеобщего участия во владении.

Предоставить первое место среди расходов на социальные нужды построению системы всеобщего образования, делающей ударение на достоинствах инициативы, предпринимательства, изобретательства и социального сотрудничества

усилить добровольный негосударственный сектор законами и системой налогов, благоприятными для развития фондов и других частных форм социального обеспечения, не в качестве замены программ, спонсируемых государством, а как свежий источник инноваций и общественного служения.

в качестве признания важности социального вклада изобретателей в научно-технический прогресс, разработать строгие законы по охране авторских прав, дающие изобретателям (на ограниченное время) право собственности на их изобретения

Последний пункт отражает одну из ключевых поворотных точек экономической революции, являющуюся определяющей для возникновения капитализма.

Заключение

Свобода многогранна. Политическая свобода зависит от свободы экономической. Капиталистическая экономика, сосредоточенная на изобретениях, является необходимым, но не достаточным условием демократии. Обычные граждане оценивают экономическую политику по тому, насколько хорошо она позволяет им использовать их таланты, в том числе и способности к экономической предприимчивости. Желая достичь постоянного повышения благосостояния своих семей, они полностью зависят от результатов этой предприимчивости. Бедные хотят увидеть экономический прогресс в жизни своих семей в наибольшей степени. Для достижения этого прогресса народу нужно, чтобы каждый из его здоровых представителей развивал творческое воображение и способности к экономической деятельности, которыми его наделил Бог...

Примечания

[3]Обращаясь к Конгрессу США, Вацлав Гавел сказал, что после второй мировой войны мы научились воспринимать мир в биполярных категориях, как две огромные силы, одна из которых защитник свободы, а другая — источник кошмаров. Европа стала точкой соприкосновения между двумя этими силами и превратилась в один огромный арсенал, разделенный на две части. В процессе этого половина арсенала стала частью силы кошмара, в то время как другая — свободная часть, граничащая с океаном и не имеющая желания быть в него сброшенной, была вынуждена, вместе с вами, построить сложную систему безопасности, перед которой мы, по всей видимости, находимся в долгу за то, что еще существуем ("Обращение Президента Чехо-Словацкой Республики к объединенному заседанию Конгресса Соединенных Штатов," Вашингтон, Округ Колумбия, 21 февраля 1990)

[4]"Основная польза сельскохозяйственных ярмарок, — сказал Авраам Линкольн в своем "Обращении к сельскохозяйственному обществу штата Висконсин" в Милуоки, состоит в том, чтобы помогать в исполнении великого предназначения сельского хозяйства, во всех его (sic) отделах и мелких подразделениях, то есть производить общий обмен сельскохозяйственными открытиями, информацией и знаниями, так, чтобы в конце концов, все узнали то, что в начале могло быть известно кому-то одному или немногим...

Я не знаю ничего более приятного для ума, чем открытие чего-либо одновременно нового и ценного — ничего, так облегчающего и услащающего тяжелый труд, как полный надежды путь к такому открытию. Каким же огромным, каким разнообразным полем для этого является сельское хозяйство. Ум, уже наученный мыслить в сельской или продвинутой школе, не может не найти в нем неистощимого источника выгодного наслаждения. Каждая травинка предмет для изучения; и получить две там, где была только одна, это и выгода и удовольствие. И не только трава, но и почвы, семена, живые изгороди, канавы, дренажные системы, скот, ирригация, вспашка, пропалывание, боронение, молочение, вредители урожая, болезни растений, меры предохранения от них и их лечение, орудия и утварь, машины, их относительные достоинства и возможности их улучшения, боровы, лошади, овцы, козы, птица, деревья, кустарники, плоды, растения и цветы — тысячи вещей, из которых взяты эти примеры —все это несет в себе целый мир для изучения." (Авраам Линкольн, "Речи и сочинения 1859-1865: Речи, письма и различные сочинения, президентские послания и декларации (Нью Йорк: Библиотека Америки, 1989), стр. 90-91, 99-100).

[5]Гай Сорман, "Босоногий капитализм", издано на английском языке в Индии, 1988.

Из-под рубля: размышления об этике и общественном оздоровлении

ПОЛ Ф. СКОТЧМЕР

Политические революционеры, будь то палестинские зелоты первого века нашей эры или коммунисты двадцатого столетия, всегда обещают массам одно и то же — "Восстанем и истребим наших врагов, и тогда все прекрасно устроится." Революционеры в сфере морали призывают к совершенно обратному: "Не побоимся же рискнуть собой, даже если нам будет грозить смерть. Мы можем погибнуть, но в результате нашего самопожертвования весь народ сможет обрести лучшее существование."[1]

В России эра политических революционеров по воле Божьей закончилась — ее последним, как мы все должны надеяться, кровавым деянием стало позорное убийство трех юношей во время неудачного августовского путча 1991 года. В то же время труды революционера от морали не могут быть завершены никогда: ведь он борется не против видимой власти, а против того, что скрыто от прямого наблюдения — его противник не являет себя открыто под ярким солнцем общественной жизни, а прячется в глубине человеческих сердец и вносит хаос и разрушение в нашу обыденную жизнь со всеми ее ежедневными делами и заботами.

С каким же посланием обращается моральный революционер к посткоммунистическому обществу? Более конкретно, что он может сказать частным предпринимателям, которые внезапно обрели столь огромное влияние на формирование нового общественного строя?

Бизнес общественного оздоровления

Представим себе на минуту короткий обмен мнениями между умудренным опытом пожилым священником и молодым процветающим предпринимателем, лишь недавно получившим из его рук святое крещение.

Священник: "Я хотел бы задать вам очень личный вопрос о вашей работе. Какую роль вы как бизнесмен рассчитываете играть в социальном оздоровлении России?"

Предприниматель: "Честно говоря, до сих пор я не особенно задумывался о таких вещах. Но, как мне кажется, успешно создавая собственное дело, я

Пол Ф. Скотчмер получил докторскую степень по теологии в университете Дрю. Он является президентом фирмы "Рашэн Трежарс Инкорпорэйтед", занимающейся импортом и оптовой продажей произведений русского народного искусства. Ранее доктор Скотчмер был исполнительным директором организации "Пресвитериане за демократию и религиозную свободу". Он автор ряда работ по марксизму и проблемам трудовой этики в западных обществах.

буду тем самым участвовать и в увеличении богатства нашей родины. Я буду создавать новые рабочие места, производить для народного потребления товары и услуги и платить налоги, которые пойдут на удовлетворение общественных потребностей."

Священник: "Да, это все верно. Ваш ответ вызывает у меня аналогию с идеей Адама Смита о "невидимой руке" рынка. Все же мне хотелось бы знать, не следует ли принять в расчет кое-что еще."

Предприниматель: "Вы предлагаете мне загадку, но я подозреваю, что на деле вам хочется высказать мне нечто вполне конкретное. Итак, я весь внимание."

Священник: "Ну что же, отлично. Но прежде всего мне хотелось бы высказать свое согласие с тем, что вы только что сказали. Нет никакого сомнения в том, что и Россия, и, по всей вероятности, большая часть того, что не так давно называлось Советским Союзом, будут создавать и развивать у себя рыночную экономику, результатом чего со временем явится подъем жизненного уровня их населения. Свободное предпринимательство будет благом для России, а вы лично окажетесь одной из движущих сил этой реконструкции.

Но сейчас я буду рассуждать с философской точки зрения. Разве не верно также и то, что мир бизнеса имеет свои, внутренне присущие ему дилеммы и противоречия, в том числе и моральные?"

Предприниматель: "Да, несомненно."

Священник: "И более того, неужели вы полагаете, что предприниматели действуют в своем собственном замкнутом пространстве, не испытывая никакого влияния со стороны окружающей их культуры и в свою очередь не способствуя ее изменениям? Или же вы согласитесь, что в реальности бизнес и культура постоянно взаимодействуют друг с другом, что сфера экономики формируется под влиянием идей, взглядов и моральных принципов, характерных для современной культуры, и что коммерческое предпринимательство со своей стороны непрерывно осуществляет своего рода штурм и натиск на саму культуру?"

Предприниматель: "Я уверен, что здесь вы совершенно правы. Взаимодействие между бизнесом и культурой неизбежно, от этого никуда не уйти."

Священник: "Хорошо, пойдем дальше. Сейчас вам станет ясно, почему я только что признался, что у меня есть для вас очень **личный** вопрос. Вы молоды, талантливы и честолюбивы. Но у вас еще и доброе сердце — собственно, поэтому я так охотно и свободно открываю вам собственную душу. И вот что я хочу вам теперь сказать. Сегодня людей больше всего волнует то, смогут ли они и их близкие попросту выжить в ближайшем будущем. Сейчас этот вопрос у всех на слуху, но вот пройдет какое-то время, может быть, десять лет, может быть, двадцать, и он потеряет свое былое значение — ведь рыночная экономика в конце концов уничтожит продовольственный дефицит и сделает общество богаче. Вопрос о том, как выглядят ведущие экономические индикаторы в сравнении с аналогичными данными десятилетней давности, со временем также перестанет особенно заботить большинство населения, хотя для политиков он, судя по всему, останется постоянным предметом обсуждения. И действительно важной экономической проблемой станет выяснение того, каким именно будет физическое, моральное и духовное воздействие новой экономической культуры на наших

соотечественников? Я уточню свой вопрос: Что именно будет стимулировать и поддерживать сама природа предпринимательской деятельности "в русском стиле" — в **вашем** стиле, дорогой мой — человеческие добродетели или грехи? Укрепит ли она связи между людьми или же ослабит их? Защитит или разрушит человеческую общность? Станет ли предпринимательская деятельность одним из средств для умножения человеческого счастья или же она сделается новой самодовлеющей целью? И если выбор будет сделан в пользу счастья, то как именно будет оно пониматься бизнесом с его огромными возможностями влиять на человеческую душу посредством рекламы — просто как увеличение материального благосостояния, сопряженное с возможностью гедонистической погони за всеми и всяческими удовольствиями и наслаждениями, или же как нечто куда более постоянное и глубокое?"

Предприниматель: "Другими словами, главный вопрос сегодня состоит отнюдь не в том, будет ли капитализм в состоянии обеспечить экономическое возрождение России, а в том, какой ценой оно может быть достигнуто."

Священник: "Вот именно, причем ответ на этот вопрос лежит в ваших руках, хотя для вас самих здесь, вероятно, пока еще очень много неясного и непредвиденного."

Будущее русского капитализма

Чего можно в настоящий момент ожидать от русского народа, столь долго находившегося под пятой советской системы? Будут ли русские, развивая у себя рыночную экономику, делать ее еще и дружественной по отношению к человеку, гуманитарно ориентированной? Пытаясь ответить на эти вопросы, мы должны принять во внимание три реальных фактора. Первый — это витальность самого капитализма, его жизненная сила и динамичность. Второй — это характер русского народа. Наконец, третий фактор — само наследие коммунизма. Встает вопрос, каким образом эти три реальности могут влиять на формирование капитализма в бывшей советской империи?

Можно быть сторонником капитализма или его ярым противником, но невозможно отрицать исключительной энергии этой экономической системы, распространяемой ею по всему миру. Возьмем для примера следующую цитату из "Коммунистического манифеста" Маркса и Энгельса, который Дэниэл Белл назвал "почти что гиперболическим победным гимном буржуазии":

"Буржуазия в течение своего всего лишь столетнего господства произвела на свет такие производительные силы, которые по объему и мощи превосходят все созданное всеми предшествующими поколениями вместе взятыми. Господство человека над силами природы, всевозможные машины, использование химии в промышленности и сельском хозяйстве, корабли с паровыми двигателями, железные дороги, электрический телеграф, расчистка целых континентов под пашни, речные каналы, вывод с земли населения целых стран — какое из предшествовавших столетий могло бы предположить, что в лоне общественного труда дремали такие производительные силы?..."[2]

И ведь эти слова были написаны всего только в 1848г. — с тех пор мотор капиталистического предпринимательства многократно ускорил свои

обороты. Стремление к увеличению производства в современном индустриальном обществе достигает почти что маниакальной силы, что хорошо иллюстрируется жизненной философией американского автомобильного короля Генри Форда, провозгласившего — "Нам предстоит научиться быть не слугами природы, а ее хозяевами". Чтобы осуществить эту цель, Форд сформулировал "подлинную идею индустрии":

> "осуществлять на практике все полезные технические изобретения, производя товары в таком количестве, чтобы удовлетворить потребности всех тех людей, которые в них нуждаются... Производить, производить и опять производить — создать систему, в которой производство будет доведено до уровня искусства — поставить производство на такую основу, которая позволит расширять его все больше и больше, строя новые заводы и выпуская тысячи и тысячи новых полезных вещей — в этом и состоит действительная идея промышленного производства."[3]

Готова ли Россия для такого движения? Мне кажется, что ответ на этот вопрос лежит в несомненном факте устойчивости российской теневой экономики, которую в дни коммунистического правления называли черным рынком и которая сегодня частично поглощена свободным рынком. Что бы мы ни думали о моральных слабостях и практических границах этой теневой экономики, сами ее масштабы с ясностью свидетельствуют об изобретательности и боевитости русского народа. Очевидно, что русские уже не первый день готовы к принятию более процветающей и динамичной экономики.

Другой ключ к готовности русских усвоить жизненные соки капиталистического предпринимательства можно найти в писательских прозрениях о характере русского народа. Мне приходят на ум, например, знаменитые строчки из гоголевских "Мертвых душ":

> "И какой же русский не любит быстрой езды? Его ли душе, стремящейся закружиться, загуляться, сказать иногда: "Черт побери все!" — его ли душе не любить ее? ... Летит с обеих сторон лес с темными строями елей и сосен, ... летит вся дорога невесть куда в пропадающую даль, и что-то страшное заключено в сем быстром мельканье, где не успевает означиться пропадающий предмет, — только небо над головою, да легкие тучи, да продирающийся месяц одни кажутся недвижны. Эх, тройка, птица тройка, кто тебя выдумал? Знать, у бойкого народа ты могла только родиться, в той земле, что не любит шутить, а ровнем-гладнем разметнулась на полсвета... Не так ли и ты, Русь, что бойкая необгонимая тройка несешься?"[4]

Если такие характеристики заслуживают доверия (а для него безусловно имеются определенные исторические основания), русские, если они воодушевлены какой-то мощной идеей, способны двигаться с головокружительной скоростью и непреодолимой энергией. Такой идеей для них когда-то была марксистская идеология, но в конце концов она перестала служить источником вдохновения, будучи в решительном противоречии с самой природой человека. Однако судьба капитализма может оказаться иной.

Одной из тех вещей, которые коммунизм производил с исключительной эффективностью, была коррупция. Согласно экономисту Александру Зайченко, в 1988г. масштабы всякого рода мелкого жульничества достигли 175 миллиардов рублей, иначе говоря, двадцати процентов валового национального продукта.⁵ Менее измеримой, но отнюдь не менее серьезной была экономическая и человеческая цена низкокачественных товаров, вреда, наносимого среде обитания, мошенничества, подкупов и блата — всего того, что в изобилии произрастало при коммунистическом режиме.

Но будет ли коррупция менее серьезной проблемой для капиталистической России? Один мой приятель, участвующий сейчас в совместном русско-американском предприятии, склонен к весьма печальным прогнозам. Недавно он дал такой совет своему знакомому, подумывающему о ведении дел в России: "Главное, о чем я вас самым настоятельным образом предупреждаю — будьте предельно осторожны. Эта страна буквально змеиное гнездо — там практически никому нельзя доверять."

В такого рода предчувствиях несомненно есть рациональное зерно. Ни в коем случае не следует недооценивать всю серьезность нынешней ситуации, будем ли мы говорить об экономике или об этике. В ближайшей перспективе Россия будет, вероятно, испытывать действие наихудших сторон обоих миров, страдая как от остаточных проявлений коммунистической системы, так и от элементов анархии, которые практически неизбежны при столь резком движении от рабства к свободе. Потребуется немалое время для того, чтобы искушающие возможности быстрого обогащения были поставлены под контроль права, требований этики и присущих рыночной экономике ограничителей и противовесов. А до тех пор бизнес в бывших советских республиках будет иметь сильнейший аромат "дикого Запада".

Но допустим, что в конце концов сбудутся самые лучшие ожидания и что со временем малопривлекательные особенности нынешней российской экономики, унаследованные от ее прошлого периода или благоприобретенные во время перехода от социализма к капитализму, как-то удастся преодолеть. И что же произойдет тогда? Если исходить из характера русского народа, нельзя не признать достаточную вероятность того, что Россия не только примет и воспримет капитализм, но и преуспеет в создании сильной и конкурентоспособной экономики. Однако нельзя сводить все только к производству и потреблению, поскольку остается еще вопрос о том, сможет ли Россия построить экономику, ориентированную на человека.

Призыв к сдержанности

Доктор Сэмюэль Джонсон, английский современник Адама Смита, как-то с немалой долей сарказма заметил, что "немного есть столь же невинных занятий, сколь делание денег". Иногда это наблюдение справедливо и само по себе — но вероятность его истинности сильно увеличивается, если действия предпринимателя регулируются такими личными добродетелями, которые удерживают его от слишком сильных уступок вседозволенности и хищничеству, которые столь типичны для свободного общества.

Праздник свободы для человека значит нечто большее, чем один лишь всплеск творческой энергии — в нем присутствуют ритмически сменяющие друг друга пульсации наложения и снятия напряжения. Талантливо рассказанная история всегда доводится до высшей точки, за которой уже законо-

мерно следует развязка. В жизни обычно именно так всегда и бывает: сжатие и ослабление, усилие и покой, страдание и искупление. Важность этого ритма в его отношении к повседневным человеческим трудам особо подчеркнута в той заповеди Писания, которая предписывает соблюдать святость субботы. Нет ничего плохого в том, что мы, созданные по образу и подобию Божьему, воздействуем на природу, приспосабливая ее для наших физических потребностей. Но здесь также есть свои пределы и границы. Человек по своей сути не является ни работником (по латыни homo faber, человек трудящийся), ни потребителем природных благ. С начала времен и прежде всего он существо религиозное, сотворенное по образу Божьему и ради единения с Богом. Наш общий удел в нашей земной юдоли состоит в том, чтобы трудиться для получения своего хлеба насущного и возносить молитвы об его обретении. Но из наших трудов и молитв должно быть ясно и то, что живем мы не хлебом единым.

Есть множество тревожных фактов, показывающих нарушение упорядоченного равновесия этого ритма западной цивилизацией. Согласно одному наблюдателю, само победоносное движение капитализма породило такие культурные силы, которые теперь угрожают его собственному благосостоянию. Американский социолог Дэниэл Белл в изданной в 1976 г. книге "Культурные противоречия капитализма" пишет:

"Фундаментальная американская система ценностей выставляла в качестве особой добродетели умение добиваться успеха собственным активным трудом, дающим человеку возможность выразить себя и показать силу своего характера. К началу 1950-х годов эта установка на достижение успеха сохранилась, но сам успех понимался уже несколько иначе — акцентировались статус и хороший вкус. Культура теперь уже заботилась не о том, как именно человек должен работать и добиваться успеха, а о том, как ему лучше потратить заработанное и получить от этого удовольствие. Несмотря на продолжающееся использование языка протестантской этики, дело было в том, что к началу второй половины нашего века американская культура сделалась по преимуществу гедонистической, ориентированной на игру, удовольствия, развлечения и хвастовство, причем в типично американской манере она принуждала людей поступать именно таким образом."[6]

Русские уже захвачены вихрем западного мира — не того, каким он был или мог быть, но того, каким он является на практике. Освободившись от кошмара "научного социализма", Россия теперь не сможет избегнуть ловушек капиталистической культуры — это так же верно, как и то, что со временем она будет в состоянии насладиться и ее плодами.

Ловушек не видят заранее, в них попадают. И, как нам напоминает Питер Бергер в своей "Капиталистической революции" (1986 г.), "мир, созданный капитализмом, это поистине 'холодный' мир. Да, он может освобождать человека, но в то же время он множеством способов связывает его друг с другими людьми, причем в основе этих связей лежит голый рациональный расчет типа 'Для чего **мне** нужен этот человек?'. Эти связи неглубоки (можно сказать, что они строятся по типу отношений между продавцом и покупателем) и с неиз-

бежностью преходящи — этого требует сама динамика рынка."[7] Такие ловушки нуждаются в более тщательном изучении.

Капитализм в очевидном контрасте с социализмом стимулирует дружелюбие и отзывчивость продавцов по отношению к покупателям. Безусловно, что все это куда привлекательнее мира грубых чиновников и безразличных официантов. Но не следует упускать из внимания то обстоятельство, что типичное для капиталистической культуры дружелюбие и уважение к интересам покупателя иногда служит всего лишь фасадом, скрывающим желание выручить побольше денег и получить карьерные преимущества.

Когда жизнь небольших городков ушла в тень исполинских городских бюрократических институтов, на смену прежним добродетелям протестантской трудовой этики, ставившим во главу угла самоконтроль человека, пришло искусство управлять другими. Этот культурный климат всеми и всяческими способами подталкивает человека не к служению, а к выигрышу, к победе, к получению прибылей и обретению контроля над окружающими. Когда это происходит, рабочие низводятся до уровня роботов, а клиенты и покупатели — до уровня "рыночных элементов". Все решения тогда в конечном счете сводятся к балансу прибылей и убытков. Когда все это случается, наш мир перестает быть не только приятным, но даже и безопасным местом обитания.

За несколько лет до наступления эры гласности и перестройки я обратил внимания на одну статью в газете "Нью-Йорк Таймс" — там рассказывалось о русских эмигрантах, захотевших вернуться в Советский Союз после довольно долгого проживания в Соединенных Штатах. Будучи спрошены о мотивах их решения, эти люди ответили, что им так и не удалось приспособиться к риску и одиночеству американской жизни, к тому тяжелому бремени, которое возлагает капиталистическая культура на человеческую личность.

Эти русские кожей и внутренностями почувствовали ту черту современного существования, которая сегодня, после краха социалистического коллективизма, станет видимой и в их собственном отечестве. Вот что пишет об этом Дэниэл Белл: "Фундаментальная установка нового времени, красной нитью проходящая через всю историю западной цивилизации начиная с шестнадцатого столетия, состоит в том, что главным элементом общества является не группа, не гильдия, не племя и не город, а только отдельная человеческая личность. Для западной культуры идеалом стал полностью независимый человек, сам определяющий свою судьбу и тем самым достигающий свободы."[8]

Конечно же, куда больше эмигрантов из России приезжали на Запад и там и оставались — нет сомнения, что западный индивидуализм оказался для многих из них все же привлекательнее тех многочисленных обязанностей, которые на них налагал социализм. Все же на повестке дня остается вопрос о том, не слишком ли большую — опасно большую — роль западное общество придает индивидуализму с его акцентом на личные права, индивидуальные достижения, самовыражение и самоудовлетворение.

В вызвавшем самые разноречивые мнения выступлении в Гарвардском университете в 1978 г. Александр Солженицын обрушился на тот легалистический способ существования, который развился в западном обществе в ответ на установление культа индивидуальных прав. "Если кто-то прав с

юридической точки зрения, то больше ничего и не требуется... Практически никто и не слыхивал о добровольном самоограничении — каждый стремится получить и использовать все, что только положено ему по закону... Когда вся жизнь соткана из юридических отношений, создается атмосфера духовной посредственности, парализующая самые благородные человеческие стремления."⁹

Западное мышление сильнейшим образом связывает между собой личную свободу человека и его стремление к счастью — доказательством этому служит американская Декларация Независимости. Аналогично, существует очевидная связь между радикальным индивидуализмом (это, если угодно, *обезумевшая личная свобода*) и гедонизмом (столь же потерявшее рассудок *стремление к счастью*). Имея в виду именно это, Солженицын в только что упоминавшемся выступлении подчеркнул, что "для Запада настало время защищать не только человеческие права, но и человеческие обязанности."¹⁰

С точки зрения Солженицына, эту проблему отнюдь не решает и социализм. "Социализм любой разновидности, — говорит он, — ведет к полному разрушению человеческого духа и к смертельному нивелированию человечества." Но в то же время он замечает, что аргументы в пользу неограниченной свободы делаются с прокапиталистической точки зрения. Даже когда признается, что она может приводить к негативным последствиям, как в случае "злоупотребления свободой для осуществления морального насилия против молодежи, такого, например, как выпуск фильмов, наполненных страхом, порнографией и преступлениями, все это считается реализацией права на свободу, которое в теории уравновешивается правом молодых людей не смотреть и не принимать" эти фильмы. Подобно тому, как при капитализме существует свободный рынок полезных и необходимых вещей, на таком же рынке продается и покупается и то, что разрушает душу и тело. В итоге, как говорит Солженицын, "жизнь, организованная на началах легализма, показала свою неспособность защитить себя от коррозии зла."¹¹

Испытание сдержанностью

Экономическое наследие американского пуританизма сейчас стало уже своего рода легендой. Не имея почти никакого начального капитала, пуритане сделали из пустыни сад, развернули активную торговлю на множестве морей и основали всевозможные виды бизнеса, необходимые для успеха и процветания своего общества. Сколь бы впечатляющими ни казались все эти достижения, они не только объясняются этическим и духовным наследием пуританизма, но и явно уступают ему по историческому величию. Присущее пуританину особое чувство долга, требующее от него сильной, но не истерической любви к земному бытию человека, неотделимо от его практических мирских дел и ставит во главу угла его ценностной системы такие добродетели, как **бережливость** (сохранять и беречь все то, что может понадобиться для будущего), **простота** (избегать помпезной жизни, которая может только возбудить чужую зависть), **удовлетворенность** (с равной готовностью принимать худые и хорошие времена), **щедрость** (побуждавшая пуритан основывать школы и больницы и давать деньги на программы помощи бедным с невиданным ранее рвением), и **благоразумие** и **осмотрительность** (требующие от человека делать максимум возможного для того, чтобы избежать расточения данных Богом благ из-за беззаботности или лености).

В чем же состояла суть пуританской формулы процветания, неотъемлемого от справедливости и праведности? Джон Коттон (1584-1652), пуританский проповедник, один из основателей Колонии Массачусетского залива, очень удачно сформулировал тот парадокс, который давал энергию первым американским капиталистам и одновременно направлял их действия: "Существует другая комбинация добродетелей, странным образом совмещающихся в душе каждого подлинно праведного христианина — это **усердие в мирских делах** и одновременно **безразличие к мирским благам**. Сия тайна известна многим, но ее смысла не дано разгадать никому."[12]

Все это достойно восхищения. Но что может произойти с течением времени, когда тихое существование в небольших городках исчезнет в прошлом и на смену ему придут огромные города и обширные мегаструктуры, когда автомобили сменят лошадей и телеги, когда завод придет на смену кузнице, а универсальный магазин заменит деревенскую лавку, когда то место, которое в прошлом принадлежало проповеди священника, займут кинофильмы, широковещательные рекламы, основанные на методах научного маркетинга, и этика внесения регулярных платежей в пенсионые фонды или на оплату дорогостоящих покупок? Возможно ли сегодня, в присутствии всех этих факторов, способных только иссушить духовные и моральные жизненные силы человечества, сохранить все былые ценности, сыгравшие столь важную роль в создании и развитии современной экономики? И если да, то каким именно образом?

Здесь нет легких ответов. Но существуют вопросы — те самые, которые ежедневно должны задавать себе предприниматели: Обладают ли мои труды реальной полезностью для общества? Достаточно ли я плачу моим рабочим и служащим? Не слишком ли большую цену я выставляю своим клиентам? Произвожу ли я самые высококачественные продукты или услуги? Полностью ли я честен со своими покупателями, клиентами и коллегами, даже если моя честность приносит мне подчас ощутимые убытки? Забочусь ли я о нормальных условиях работы тех, кому я плачу жалованье? Думаю ли я о других людях как о человеческих личностях, а не просто как об инструментах, которые я использую в своем бизнесе? Уделяю ли я достаточное время своей семье? В достаточной ли мере щедро я разделяю с другими то благословение, которое выпало на мою долю? Живу ли я с достаточной простотой? Все ли возможное я делаю для того, чтобы поддержать профессиональные и правовые стандарты, необходимые современному обществу?

Такие вопросы выводят нас за рамки чисто академического изучения культуры или правил деловой этики. В конечном счете проблема человечески ориентированной экономики имеет как личное, так и религиозное измерения. Вспомним в этой связи слова Александра Сергеевича Пушкина: "Религия создала искусство и литературу — фактически, она создала все, что только было великого в прошлом. Все покоится на религиозном чувстве... и без него в мире не было бы ни философии, ни поэзии, ни этики."[13]

Если кто-то хочет попытаться разгадать Божью волю в отношении себя и всего сущего, он должен задуматься над тем фундаментальным нравственным вопросом, который был столь четко сформулирован специалистом по проблемам этики Джеймсом Густафсоном: "Чем Бог позволяет нам стать и чего Он от нас требует?"[14] Каждый отвечает на этот вопрос в меру мудрости

собственного сердца, но уже сама готовность его задать позволяет человеку начать новый путь.

Первый шаг на этом пути напомнит многим слова, опубликованные под псевдонимом "Ф. Корсаков" в сборнике "Из-под глыб":

> "Начало пути кроется в глубинах отчаяния, которое охватывает вас, когда вы еще не в силах найти Истину, но когда вы уже поняли, что не можете жить без ее обретения. Для нее вы жертвуете всем — своим будущим, своими прежними отношениями и связями, скрытым в вашем сердце стремлением к великими делам. Взамен вы не просите ничего — ни обещаний, ни доказательств, ни земных богатств. Вы забываете со своем собственном 'я', вы перестаете жаловаться на свои неудачи и тяготиться своим бременем — вместо этого вы посвящаете все свое время тому, чтобы очиститься от мерзости гордыни и субъективизма, от ложной свободы со всеми ее порабощающими человека искушениями, свойственными нашему времени. И вот уже вы, сами еще не подозревая об этом, все еще находясь на краю пропасти и пребывая в темноте, замечаете свет, который постепенно разгорается в вас, мерцая подобно драгоценному камню. И тогда вы переступает порог церкви как ее смиренный сын."[15]

Особая миссия России

Эти слова "Корсакова", описывающие, казалось бы, частное дело, столь же интимное и личное, сколь и все прочее в нашей жизни, на первый взгляд могут показаться никак не связанными с открытым вниманию широкой публики миром бизнеса, экономики и культуры. Но несколько самых известных наблюдателей современной культуры именно здесь, на стыке исторического времени с вечностью, видят единственную реальную надежду осуществления преобразования общества. Дело в том, что как раз здесь, в мастерстве строительства души, лежит основа крепкой семьи, церкви, общин и добровольных обществ, которые необходимы для смягчения безличности, культивируемой правительством, крупным бизнесом и другими мегаструктурами современной жизни. Это тем более относится к России, которая по мнению ряда наиболее проницательных наблюдателей современной культуры скрывает в себе величайшую надежду для будущего всей цивилизации нашего времени:

Александр Солженицын: "Если бы меня спросили, вижу ли я в сегодняшнем Западе образец для своей страны, я бы с откровенностью должен был ответить отрицательно. Нет, я не мог бы рекомендовать ваше общество в качестве идеала для преобразования нашей жизни. Народ нашей страны через глубокие страдания достиг сейчас духовного развития такой интенсивности, что для него западная система в ее нынешнем состоянии духовного истощения уже не выглядит привлекательной."[16]

Дэниэл Белл: "Если есть истина в высказывании, что слова поэта слушает будущее, то в этой стране, в Советской России, где поэзия сейчас говорит столь сильным голосом и столь глубоко выражает самые подлинные человеческие страдания, религии суждено взрасти ярчайшим цветком национальной культуры... Именно религия способна восстановить непрерывность поколений, возвращающую нас к основным трудностям бытия и служащую основой

для заботы о ближнем и смирения."[17]

Николай Бердяев: "Человек создает цивилизацию, чтобы освободиться от власти стихийных сил природы... Но очень скоро одни люди начинают для этого подавлять других, и между теми и другими возникают отношения хозяина и раба... Для русского мышления очень характерны сомнения в оправданности цивилизации... Человеку цивилизованному со всеми его слабостями и недостатками противостоит не человек природы, но человек духа."[18]

Федор Достоевский: "...наш удел и есть всемирность, и не мечом приобретенная, а силой братства и братского стремления нашего к воссоединению людей. ...я верю в это, мы, то есть, конечно, не мы, а будущие грядущие русские люди поймут уже все до единого, что стать настоящим русским и будет именно значить: ...в своей русской душе, всечеловечной и всесоединяющей, вместить в нее с братскою любовию всех наших братьев, а в конце концов, может быть, и изречь окончательное слово великой, общей гармонии, братского окончательного согласия всех племен по Христову евангельскому закону!... Пусть наша земля нищая, но эту нищую землю 'в рабском виде исходил благословляя' Христос. Почему же нам не вместить последнего слова его? Да и сам он не в яслях ли родился?"[19]

Восток сейчас заново привлекает многих людей на Западе, которые с особым интересом относятся к таким сокровищам России, как золото, нефть и минералы. Но не может ли случиться так, что величайшим российским сокровищем окажутся те невидимые глазу качества, которые были выкованы ею на наковальне человеческой истории?

Возможно, лучше всех миссию России в нашем мире кратко сформулировал русский философ XIX века Константин Леонтьев: "Мы предназначены судьбой для того, чтобы показать миру самые яркие примеры того безумия, до какого может довести людей дух современного просвещения — но на нас также лежит обязанность открыть самое сильное из всех возможных противоядие этому духу."[20]

Ярчайшие символы как самого этого безумия, так и мощнейшего средства против него можно видеть сегодня на Красной площади в Москве. В ее центре все еще возвышается Мавзолей Ленина, где каждый час торжественно сменяется марширующий гусиным шагом почетный караул. Этому придет конец, когда тело Ленина будет убрано из Мавзолея. В то же время в северо-восточной части площади можно видеть совсем другой образ — это небольшая деревянная часовня, возведенная перед строительной площадкой, где заново строится исторический Казанский собор, простоявший три столетия, а затем уничтоженный Сталиным. Таким образом, Ленину предстоит скоро покинуть Красную площадь, а старая церковь, напротив, ждет своего возвращения. Внутри часовни люди совершенно открыто жертвуют свои рубли на сооружение храма и молятся перед иконой, на которой изображены Богоматерь с Младенцем. Смотрящий в направлении Мавзолея Ленина Младенец поднятой правой рукой благословляет людей на Красной площади.

Примечания

[1] Эти цитаты взяты из введения к американскому изданию сборника "Из-под глыб" (Бостон: Литтл, Браун энд Компани, 1975), написанного Максом Хайардом (стр. viii).

[2] Эта цитата приводится автором со ссылкой на книгу Дэниэла Белла "Культурные противоречия капитализма", Нью-Йорк: Бэйсик Букс, 1976, стр. 16-17 (дана в обратном переводе с английского).

[3] Процитировано в статье Пола Ф. Скотчмера "О человеческих роботах, яппи и смысле работы в Америке", опубликованной в журнале "Нью Оксфорд Ревью", июль-август 1987, стр. 14.

[4] Н.В. Гоголь, "Мертвые души", Изд-во "Детская литература", Москва, 1967, стр. 346-347.

[5] Александр Зайченко, "Выйти из тени", журнал "Бизнес в СССР", №2 (июнь 1990), стр. 41.

[6] Дэниэл Белл, "Культурные противоречия капитализма" (см. прим. 2), стр. 70.

[7] Питер Л. Бергер, "Капиталистическая революция", Нью-Йорк: Бэйсик Букс, 1986, стр. 133.

[8] Дэниэл Белл, "Культурные противоречия капитализма", стр. 16.

[9] Александр Солженицын, "Мир, разорванный надвое" (англ.), Нью-Йорк, Харпер энд Роу, 1978, стр. 17-19 (цитируется в обратном переводе с английского).

[10] Там же, стр. 21.

[11] Там же, стр. 33 и 21.

[12] "Американские пуритане — их проза и поэзия", под редакцией Перри Миллера, Гарден Сити, Нью-Джерси: Даблдэй и Компания — Анкор Букс, 1956, стр. 171-172 (курсив автора статьи).

[13] Цитируется в обратном переводе с английского по книге под редакцией Джона Курнуа "Сокровища русской классической литературы", Нью-Йорк: Каприкорн Букс, 1962, стр. 25.

[14] Джеймс М. Густафсон, "Этика в теоцентрической перспективе", Чикаго: Издательство Чикагского университета, 1981-84, т. 1, стр. 327.

[15] Александр Солженицын в сборнике "Из-под глыб" (см. прим. 1), стр. 165. (обратный перевод с английского).

[16] Александр Солженицын, "Мир, разорванный надвое" (см. прим. 9), стр. 33-35 (цитируется в обратном переводе с английского).

[17] Дэниэл Белл, "Культурные противоречия капитализма", стр. 29-30.

[18] Николай Бердяев. "Рабство и свобода" (англ.), Нью-Йорк: Чарльз Скрибнер и Сыновья, 1944, стр. 117-119 (цитаты даны в обратном переводе с английского).

[19] Федор Достоевский, "Пушкин" (очерк). Произнесено 8 июня 1880 г. в Обществе любителей российской словесности. Ф.М. Достоевский, ПСС в тридцати томах, том 26, стр.147-148.

[20] Цитата из Леонтьева содержится в содержательном эссе Вадима Борисова "Личность и национальное осознание", помещенной в сборнике "Из-под глыб" (см. прим. 1), стр. 228 (цитата дается в обратном переводе с английского).

Преимущества
этичного бизнеса

Выйти из тени

Александр Зайченко

Если исполнять буквально существующие в СССР законы и предписания, то ни один завод не сможет работать, весь хозяйственный механизм просто остановится. В этом смысле вся советская экономика — теневая, поскольку функционирует не благодаря, а вопреки официальным постановлениям. Но и взятая в более узком значении теневая экономика СССР имеет беспрецедентные в истории мирового хозяйства масштабы.

К теневому сектору лучше всего подходить с критерием "степени криминогенности". Тогда проявятся самые разнообразные оттенки правонарушений — от светлосерых (почти невинные, несанкционированные бартерные сделки и приписки в целях выполнения плана) до иссиня-черных (преступления, обслуживающие человеческие пороки, наркобизнес, грабежи и т.д.). Правда, границы тут весьма условны.

Эта экономика обслуживает практически все человеческие пороки (мошенничество, проституция, наркомания). Здесь же и разбой, и грабеж, и тайные валютные сделки. Особое место занимают подкуп и взяточничество. Этот вид "хозяйственной деятельности" обслуживает все остальные сектора теневой экономики.

Как и всякая экономика, теневое хозяйство характеризуется всеми циклами и стадиями воспроизводства: производством, распределением, перераспределением, потреблением, накоплением. Сверхмонополизация собственности и власти в СССР, жесткие запреты, трудность скрыть значительный несанкционированный бизнес предопределили слабое развитие теневого производства. Зато сфера распределения и перераспределения представлена мощной индустрией разнообразных посреднеческих групп: спекулятивных и воровских махинаторов, расхитителей государственного, группового и личного имущества... Венчают этот сектор взяточники самых различных рангов. Необходимым условием их существования и процветания являются монополизм собственности и отсутствие какой-либо конкуренции, особенно в сфере торговли.

Кандидат экономических наук Александр Зайченко был консультантом Государственной Комиссии по экономической реформе Совета Министров СССР; в настоящее время он является директором программы по бизнесу и рыночным отношениям Академии национальной экономики (Москва) и президентом базирующейся в Москве Ассоциации христианских бизнесменов. Профессиональные и личные интересы доктора Зайченко относятся к роли этики в экономической жизни. Результаты его исследований публиковались в Уолл Стрит Джорнел, Тайм, Рипорт он ЮССР и "Бизнес в СССР". Здесь приведены выдержки из статьи, опубликованной в журнале "Бизнес в СССР" за июнь 1990 года (стр. 40-42). Материал использован с разрешения издателя и автора.

Как показывает мировой опыт, в том числе стран Восточной Европы, свыше 90 процентов объема операций теневой экономики можно довольно быстро устранить с помощью мероприятий по формированию рынка. При этом ликвидировать громадный массив несанкционированных операций государственных хозяйственников можно практически в одночасье, покончив с централизованным директивным планированием и монополией государственной собственности.

Что касается других, по-настоящему преступных акций в народном хозяйстве, то обязательным условием борьбы с ними здесь может служить денационализация государственной собственности, но удержание ее в пределах не более 30 процентов стоимости всех основных фондов (с возможными вариациями по отраслям). Мировой опыт учит, что превышение этой доли ведет не только к быстрому снижению народнохозяйственной эффективности, но и стремительному нарастанию экономических правонарушений. Другим обязательным условием "выхода из тени" служит не просто антимонопольное законодательство, но эффективное местное самоуправление, претворяющее его в жизнь, а также допущение банкротств, ликвидаций предприятия и установление пособий по безработице. Очень важно в программе разгосударствления не делать упор на коллективно-кооперативную собственность и особенно на аренду. Тот же мировой опыт свидетельствует, что, например, аренда в широких масштабах не только малопродуктивна, но чрезвычайно криминогенна.

Самый раздражающий население сектор теневой экономики — спекуляция и махинации в распределении благ, — как показывает недавняя практика Польши, на удивление легко ликвидируется при помощи того же рынка. К сожалению, для СССР этот опыт пока не пригоден, поскольку в стране чрезвычайно низка (даже по сравнению с Польшей) доля продукции отраслей потребительского комплекса в ВНП...

Хотелось бы сделать и ряд общих рекомендаций по оздоровлению советской хозяйственной системы.

1. Нужно отойти от конфискационного налогообложения предприятий. Если общая ставка налога на прибыль превышает 40 процентов, на смену экономическому регулированию приходит военно-феодальная контрибуция, заталкивающая производителей в "тень".

2. К реабилитации советских подпольных дельцов следует подходить осторожно. Нельзя безоглядно прощать капиталы, добытые путем хищений, особенно в сфере распределения (торговле). Это грозит усвоением нашим будущим классом предпринимателей неблагоприятной "генетической наследственности", ориентированной скорее на сицилианско-преступные, чем на джентельменские методы ведения дела.

3. Трудную, но неотложную работу по утверждению норм деловой честности и добропорядочности (а без них невозможен сам эффективный рынок) должны взять на себя... церковь и религия. Очень важно уяснить, что не рынок формирует деловую этику, а стойкая общечеловеческая мораль создает этику, которая, в свою очередь, утверждает нормы свободной и честной хозяйственной деятельности. Принятие какого-либо кодекса без усвоения норм общечеловеческой морали даст столько, сколько и "кодекс строителя коммунизма", принятый в шестидесятых годах.

Рынок и мораль

Хилл, Питер Дж.

Большинство людей согласится, что если говорить о чистой способности обеспечивать потребителей товарами и услугами, капитализм бесспорно выигрывает в сравнении с альтернативными политическими системами типа социализма. Тем не менее, многие критики частной собственности и свободного рынка отдают предпочтение общественному устройству или приближающемуся к социалистическому, или, по крайней мере, дающему больше власти в руки правительства. Они аргументируют свою позицию тем, что капитализм обеспечивает общество товарами лишь в материальном смысле, но никак не в смысле моральном. Иначе говоря, капитализм не удовлетворяет требованиям основных стандартов справедливости.

Эта (статья)... опровергает подобные представления путем исследования нескольких областей, в которых моральным вопросам уделяется особое внимание именно в рыночном обществе. Это не аргумент в пользу положения, что общество, основанное на принципах свободного рынка, синоним морального общества—люди могут вести себя морально или аморально при любой общественной системе. Капитализм, однако, имеет целый ряд моральных преимуществ, которые отсутствуют в других экономических системах.

Определение капитализма

Хотя "рынок" часто рассматривается как альтернатива центральному планированию или государственной собственности на средства производства, он не является ригидным институциональным строем, типа социализма или коммунизма. То, что мы называем капитализмом или свободно-рыночным обществом, это общество, основанное на правах частной собственности. Члены этого общества могут владеть собственностью, могут ее покупать и продавать (включая свой собственный труд), при условии, что они не делают этого мошенническим путем, и могут распоряжаться своей собственностью как им угодно, если это не причиняет вреда другим. Кроме того, они могут обмениваться своей собственностью с другими, создавая, таким образом, рынок. Этот рыночный процесс никому не подчинен, и нуждается для своего существования лишь в четко разработанной и прочной системе прав частной собственности.

Капитализму свойственно: обеспечение свободы выбора, поощрение сотрудничества, формирование чувства ответственности, создание богатства для большого количества людей и ограничение злоупотребления властью.

Питер Дж. Хилл получил степень доктора экономических наук в Чикагском университете. Занимает профессорский пост памяти Джорджа Ф. Беннета по экономике в Уитон Колледже. Др. Хилл является широко известным лектором, автором и консультантом, специализирующимся в вопросах, относящихся к рыночной экономике и частной собственности. Публикуемый отрывок взят из издания Центра политико-экономических исследований Вьюпойнтс №4 (январь-февраль 1988), стр. 1-6 и приводится с разрешения издателя и автора.

Свобода выбора

Рыночная система берет на себя очень мало в том, что касается идеального способа организации э кономической жизни. Другие общества могут разрешать кооперативы, коммуны или строительство коттеджей, а могут и запрещать. В отличие от них, система частной собственности предлагает широкий выбор всевозможных форм организации. Если кооперативы желательны, никому не возбраняется их использовать, однако другие формы организации производства точно также допустимы. И в самом деле, человек, желающий игнорировать рынок, или создать альтернативную институциональную систему, полностью свободен это сделать.

На протяжении всей истории определенные группы людей предпочитали действовать, в основном, вне рынка. Одна такая группа — гуттериты, живет на севере Великих Равнин США и Канады. Более двухсот сельскохозяйственных колоний гуттеритов добилось выдающихся успехов в сохранении своего уклада и росте населения. Тем не менее, они весьма далеки от капитализма. Вся собственность в гуттеритской колонии, кроме основных предметов личного пользования, является общей. Весь доход делится поровну между членами колонии, за работу же никому ничего не платят.

Гуттериты смогли основать свои колонии без предшествующего одобрения со стороны кого бы то ни было. Никакой комитет, правительственное агенство или группа доброжелательных граждан не должны были собираться и решать, следует ли разрешать гуттеритам вести подобный образ жизни. Свобода выбора таких альтернативных путей — уникальное свойство свободнорыночного общества.

Напротив, общество, основанное на принципах центрального планирования, не жалует свободой тех, кто хочет заняться рыночными операциями. Оно ограничивает добровольную торговлю ради других интересов, и, несомненно, отправило бы в места не столь отдаленные людей типа гуттеритов, если бы властям не понравился их образ действий.

Кооперация против конфликта

Свободнорыночную систему, основанную на частной собственности, обычно именуют конкурентной. Тем не менее, одним из основных преимуществ рыночной системы является то, что она, в большей степени, поощряет не простую конкуренцию, а сотрудничество. Разумеется, конкуренция есть и в рыночных обществах, но преобладает она в обществах, где существует дефицит.

На рынке удачливые конкуренты или сотрудничают с другими членами общества, или удовлетворяют их потребности. Для того, чтобы преуспеть в системе частной собственности, производители должны предложить нечто "лучшее" чем их конкуренты. Они не могут заставить людей покупать производимые ими продукты или услуги и вынуждены сосредоточить свои творческие импульсы и энергию на нахождении путей их удовлетворения. Тот кто делает это лучше всех, тот и преуспевает на рынке. Таким образом, участники рыночной экономики — покупатели и продавцы — постоянно ищут соглашения, в результате которого они могут поладить, а не сосредотачивают внимания на неконструктивных разногласиях...

Рассмотрим выбор решения, что предпочтительнее — быть вегетариан-

цем или есть мясо. Есть люди, которые относятся к этому вопросу так же серьезно, как и те, кто вовлечен в спор о происхождении человечества. Тем не менее, маловероятно, что принятие решения о том, какой диеты следует придерживаться, вызовет общественные противоречия. Выбор диеты не определяется коллективным процессом принятия решений, так что люди могут достаточно мирно взаимодействовать в этом вопросе. Человек, верящий что воздержание от мяса полезно или морально оправданно, может придерживаться такой диеты, не споря с тем, кто питается мясом. Защитники же мясной диеты могут найти производителей и продуктовые магазины, стремящиеся удовлетворить их желания. На самом деле, и те и другие могут покупать продукты в одних и тех же магазинах, толкая свои тележки друг мимо друга безо всяких конфликтов. Подобные мирные отношения возможны лишь благодаря отсутствию коллективного принятия решений.

Социальная гармония, являющаяся результатом рыночной системы отношений, представляет большой интерес для всех, озабоченных моральными вопросами. Люди, придерживающиеся самых разных культур, систем ценностей и мировоззрений, могут жить вместе, не испытывая друг к другу ненависти, под защитой системы прав личности и торговли. Рыночная система требует лишь минимальной договоренности о личных целях или о том состоянии, к которому стремится общество.

Альтернативные институциональные системы, напротив, ориентированы на цели, поставленные центральной властью. Само существование таких систем требует более широкой договоренности о том, что "хорошо" для общества. Система, основанная на центральном планировании, исходит из того, что люди не будут добровольно обменивать свой труд на плату и должна принуждать их трудиться, чтобы достичь определенных результатов, причем эти результаты не обязательно соответствуют тем, которые производители или потребители выбрали бы по своей воле...

Ответственность

Другая причина, по которой система, основанная на правах частной собственности, поддерживает социальную гармонию, заключается в том, что она делает людей ответственными за то, что они делают другим. При режиме частной собственности, человек, покалечивший другого или повредивший его собственность, отвечает за это, и суд следит за тем, чтобы он не мог уклониться от этой ответственности. Необходимость платить за принесенный вред заставляет людей действовать осторожно и ответственно. Личная свобода возможна лишь в том случае, когда каждый человек отвечает за свои действия.

Напротив, система центрального планирования ослабляет чувство личной ответственности. Хотя в теории защита прав личности возложена на правительство, эти права плохо определены и правительство может исполнять и, преимущественно, исполняет желания людей, обладающих властью, не обращая внимания на права или желания тех, кто ею не обладает. Даже в условиях демократии, влиятельные группировки пытаются использовать правительство, если оно обладает властью наделять привилегиями, чтобы добиться желаемого. То, что они получают, может очень дорого обойтись тем, у кого это взято.

Взгляд на мир. Нулевая сумма против положительной суммы

Многие возражения против частной собственности вращаются вокруг распределения доходов. Люди, руководствующиеся самыми лучшими побуждениями, часто думают, что несправедливо, если некоторые члены общества купаются в роскоши, в то время как другие не имеют самого необходимого. Я разделяю точку зрения, что богатые морально обязаны делиться своим богатством с малоимущими, но это не значит, что государство является подходящим посредником для такого перераспределения.

Значительное число людей, возражающих против относительного положения богатых, делают так из-за глубокого непонимания того, откуда берется богатство. Они убеждены, что живущие в роскоши делают это за счет тех, кто живет в бедности. В общем случае, это неправда.

Мир не представляет из себя нулевой суммы. Иначе говоря, богатство мира не ограничено и предположение, что оно должно быть разделено между всеми людьми, причем кто-то получит больше, а все остальные — меньше, неправильно. Богатства можно добиться, отняв его у других, а можно и создать путем соответственно мотивированной деятельности. При этом индивидуальное богатство является чистой прибавкой к благополучию всего общества. Значительное увеличение общего благосостояния, произошедшее со времени промышленной революции, обусловлено, в основном, созданием богатства, а не насильственным его перераспределением.

Находясь под защитой четко сформулированных и соблюдаемых прав собственности, люди заключают только те сделки, которые имеют "положительную сумму", т.е. создают богатство. Эти сделки совершаются лишь потому, что все их участники рассчитывают на выигрыш. В обществе, где люди имеют защищенные права на свою собственность, они будут обмениваться этой собственностью только добровольно и только в том случае, если будут считать такой обмен выгодным. Те, с кем они имеют дело, будут руководствоваться такими же соображениями, то есть принимать участие только в тех сделках, которые, по их мнению, принесут им положительный результат.

Мир нулевой суммы, в котором один человек может накопить богатство только за счет уменьшения богатства других, возможен лишь при отсутствии прав собственности. Жители такого мира — или сами по себе, действуя как бандиты и воры, или пользуясь государственной властью, могут распоряжаться ресурсами, не нуждаясь в согласии их владельцев...

Более того, при системе частной собственности, основанной на рыночном процессе, увеличение чьего-либо богатства показывает, как много он прибавил к богатству других людей. В рыночной системе единственный способ стать богатым, это удовлетворить других, для того же, чтобы стать очень богатым, необходимо удовлетворить массы. Генри Форд угодил массам своим автомобилем, удовлетворив потребность в относительно дешевом транспорте, и стал невероятно богат. Генри Ройс, напротив, решил обслуживать только людей с большими доходами, делая дорогие автомобили, и не достиг и малой доли богатства Форда. Наказывать людей, идущих путем Генри Форда, насильно отнимая большую часть их дохода кажется чем-то противоестественным...

Ирония заключается в том, что представление, будто мир имеет нулевую

сумму часто делает условия жизни еще хуже. Обычно приверженцы подобной точки зрения любят широкомасштабные политические перераспределения прав. Такие перераспределения подстрекают и даже требуют, чтобы в борьбу вступило все общество... Если правительство может раздавать всяческие блага, многие граждане вступают за них в борьбу, в то время как остальные начинают решительно бороться за то, чтобы сохранить свое имущество. В результате, обычно, общее благосостояние уменьшается.

Власть

Величайшие несправедливости в истории человечества происходили когда некоторые люди имели над другими чрезмерную власть. Иногда эта власть была экономической, иногда политической, но в любом случае способность контролировать свободу выбора других вызывала огромные страдания. Какая система управления лучше всего разделяет власть и не дает одним людям добиться слишком большого влияния на жизнь других?

На этот вопрос следует отвечать в контексте реалистического понимания мира. Каковы бы ни были институциональные порядки, некоторые люди будут иметь большую власть, чем другие. Важно не то, какой набор правил не дает возможности одним людям осуществлять любые формы контроля над другими, а то, какие институции в наилучшей степени предотвращают возможность чрезмерного накопления власти.

История изобилует примерами злоупотребления властью, как инструментом принуждения в руках государства. Следовательно, надо быть очень осторожным по отношению к институциональным системам, которые основаны на сосредоточении огромной власти в руках государства, даже если объявленная цель — исправление несправедливостей частной экономики. Общества без прав частной собственности концентрируют много власти в руках немногих, и этой властью традиционно злоупотребляют.

Есть хорошие доводы в пользу институционного порядка, при котором государство устанавливает четкие правила, не дающие возможности одним людям принуждать других нести какие-либо расходы без их ведома, однако и само остается при этом ограниченным в средствах принуждения по отношению к своим гражданам. Общество, в котором правительство отвечает за определение и поддержание прав собственности, но где его роль также ограничена конституцией, представляет собой жизнеспособную комбинацию. Такая система дробит власть и не дает людям заставлять других платить без их ведома.

Заключение

Рыночная система, основанная на частной собственности, имеет много доводов в свою пользу. Более моральной является та система, которая побуждает людей отвечать за свои действия и помогать друг другу, а не та, которая позволяет одним принуждать других нести расходы без их согласия.

Это не аргумент в пользу того, что рыночная система может служить заменой обществу, в котором люди руководствуются в своих действиях моральными критериями. Личная мораль безусловно улучшит капитализм, так же как и любую общественную систему. Честность, сострадание и сочувствие сделают наш мир лучше при любом строе. Капитализм не враждебен

этим качествам. Когда альтернативные экономические системы оцениваются в рамках морали, мы обнаруживаем веские доводы в пользу одобрения права частной собственности и рыночных отношений. Рынок и мораль успешно дополняют друг друга в сохранении справедливого общества.

Экономика и нравственность: доклад рабочей группы

Пол Маршалл

Экономика, позиции и нравственность

Мало кто согласится признать, что экономическое развитие сводится всего лишь к наличию соответствующих личных качеств. В то же время, однако, становится все более очевидным, что любое обсуждение вопросов экономического развития, не затрагивающее проблематики личных позиций и поведения, является, в лучшем случае, односторонним, а скорее всего, просто бесполезным. Любое изменение в сторону децентрализованного принятия экономических решений и использования рыночных механизмов потребует людей, которые смогут взять на себя новые экономические роли и успешно справиться с ними. Часть этого процесса пройдет почти автоматически, так как многие ухватятся за возможности, которых они давно искали, но которые были ограничены. Однако изменения, связанные с предпринимательством, независимым управлением, самодисциплиной в работе, требуют определенных умений и навыков и, помимо них, — нравственности.

Это можно проиллюстрировать на примере важнейшего для бесперебойного функционирования рынка понятия "кредит", которое означает практику предоставления займов, а также количество денег, которое может быть одолжено определенному лицу или предприятию. По-английски слово "кредит", (credit) означает также "доверие". Эти два смысла тесно связаны. Человеку, который показал себя достойным доверия, можно предоставить кредит. Это означает, что доверие лежит в основе расширения рынков. Если люди не смогут доверять другим людям и не сумеют показать, что и сами они достойны доверия, то не будет заключаться никаких сделок, кроме тех, где деньги и товары тут же выкладываются на бочку, что с неизбежностью ограничивает эти сделки краткосрочными целями...

Сообщения, полученные от многих наблюдателей, в том числе, что самое главное, — и от самих советских граждан, показывают, что личностные факторы — главный барьер на пути экономической реформы. Поэтому личностные изменения сами по себе могут служить важными факторами такой реформы. Этот аспект проблемы коренится, по существу, в том, что после десятилетий командной экономики у советских граждан или не хватает, или вообще нет опыта непосредственной ответственности за экономическую

Пол Маршалл получил степень доктора политических наук в Йоркском университете (Торонто, Онтарио, Канада). Занимает пост старшего научного сотрудника кафедры теории политики Института христианских исследований в Торонто. В 1991-92 учебном году был приглашен на почетный пост профессора евангелического христианства памяти Дж. Омара Гуда в Хуанита Колледж, Хантингдон, Пенсильвания. Является автором, соавтором и редактором пяти книг и более чем ста статей по теологии и политическим наукам. Этот неопубликованный доклад был представлен 28 января 1991 года. Приводится с разрешения автора.

жизнь. От них требовалось исполнять приказы, исходящие от начальства. Но в рыночной экономике "приказы" исходят непосредственно из обстановки на текущий момент — что нынче в недостатке, что в избытке, какое сырье доступно, какие людские и материальные ресурсы в наличии, какова будет цена по сравнению с ценами других производителей. Мы должны уметь принимать эти сигналы. Мы должны также уметь на них отвечать — делать расчеты, принимать решения и затем действовать в соответствии с ними. Также мы должны принимать сигналы, поступающие от потребительского рынка.

В этой ситуации личностная переориентировка не только предполагает приобретение новых навыков, но и предъявляет новые нравственные требования...

Перечислим некоторые ценности, которые жизненно необходимы для развития процветающей экономики в стране, где десятилетиями царила "командная экономика".

Ценности свободной экономики

Ценности, которые мы предлагаем, можно разделить на четыре класса: 1) порядочность, 2) свобода, 3) творческий подход и 4) ответственность.

Порядочность

Порядочность — это, кроме всего прочего, основательность и надежность. На человека порядочного можно положиться: он при любых обстоятельствах поступит так, как должно. Его направленность определяется внутренними убеждениями, а не обстоятельствами данной минуты. Порядочность также включает в себя правдивость, то есть делает возможным верить тому, что мы говорим, так как мы выполняем свои обещания. Это позволяет другим принимать далеко идущие экономические решения, основанные не только на том, что мы сделали, но и на том, что мы обещали сделать в будущем. Порядочность также подразумевает честность — мы берем себе только то, что принадлежит нам, и нам можно без опаски доверить то, что принадлежит другим. Это позволяет и нам, и другим направлять энергию не столько на защиту собственности, сколько на плодотворное ее использование. И, наконец, порядочность включает в себя самодисциплину. Мы будем хорошо работать и без надсмотрщика. Это позволяет нам принять ответственность на себя или возложить ее на другого, не дожидаясь приказа сверху.

Свобода

Свободу мало получить, надо еще научиться при ней жить. Исполнять чужие приказы, может быть, и проще, но свобода означает, что мы выбираем себе дорогу сами. Чтобы понять, какая же это дорога, мы должны уметь здраво судить. Нужно к тому же ощущать свое право на выбор, то есть осознавать, что мы действительно можем принимать решения, оправданные решения, которые повлияют и на нашу собственную жизнь, и на жизнь других людей. Это означает воспринимать мир не как нечто угрожающее, а как источник возможностей, как что-то, что мы можем изменить. Свобода требует готовности к переменам, осознания того, что наше нынешнее положение не вечно, и цепляться за него не следует, причем меняться будет не только плохое, но и то, чем мы дорожим, в чем находим утешение.

Свобода требует готовности встретить будущее лицом к лицу, вместе со всем, что оно с собой несет. Если будущее принесет нам неудачу, мы, если мы действительно свободны, не падем духом, а начнем все сначала.

Творческий подход

Если свобода требует готовности к изменениям и знания, что мы можем совершать изменения, творческий подход означает, что мы способны вообразить возможность изменения. Это требует типа мышления, характерного для игры: нужно выдумывать что-то новое, перебирать варианты, воображать, как люди будут работать и в какие отношения вступать, решать, как достичь тех же результатов другими средствами, распознавать своевременно, где и в чем есть нужда и представлять, как нужно соединить различные вещи, чтобы эту нужду удовлетворить. Настоящий предприниматель берет самые разные вещи и сединяет их друг с другом. Это — творческий акт.

Ответственность

Ответственность в экономической жизни проявляется в разных направлениях, но все они формируются вокруг некоторого центра, а именно того, что мы не должны убегать от последствий ситуации, в которой мы находимся — в особенности от последствий наших собственных действий. Это означает, что мы не должны винить кого-то другого за то, что произошло, или же сидеть и ждать, что кто-то придет и разрешит наши проблемы, однако точно также означает, что мы не должны брать на себя ответственность вместо других людей. Значит, мы не должны очернять их достижения, как бы мы их (или они нас) не превосходили, или принижать их всего лишь потому, что они имеют больше (или меньше) нас. Наконец, это означает, что мы должны не полагаться на то, что социальные проблемы будут решены властями, а пытаться решать их самостоятельно. Мы должны предпринимать всевозможные действия, чтоб поддержать общество и, в частности, стараться удовлетворять нужды тех, кто беден.

Корпоративная этика — основная ценность бизнеса

Вопрос этики деловых отношений является одним из наиболее значимых вопросов, с которым сталкивается в нашу эпоху самоуправляющееся общество... Одним из проявлений этого стало широкое распространение кодексов этики (или поведения) и систем ценностей компаний и предприятий. В последнее время это привело к двум дополнительным следствиям: во-первых, к расширению публичных обсуждений администраторами корпораций этических проблем и методов их решения и, во-вторых, к приложению творческих усилий в направлении эффективного осуществления и институциональной поддержки этической политики, направленной на обеспечение этически приемлимых действий...

Что касается корпоративной этики, совершенно очевидно, что основную роль в ее поддержании и развитии играет высшая администрация. Чтобы добиться соответствующих результатов, руководитель и его окружение должны быть явно и неуклонно привержены этическим принципам и лидировать в поддержании и обновлении системы ценностей своей организации. Руководители компаний считают необходимым выражать эту приверженность самыми разными способами — в директивах, заявлениях о внутренней политике организации, речах, публикациях и, прежде всего, в своих действиях.

Одним из распространенных мифов о бизнесе является представление о том, будто бы существует противоречие между этикой и прибылью... /На самом деле/ хорошая репутация справедливого и честного бизнеса является основной корпоративной ценностью, которую должны поддерживать не жалея сил все его работники...

Компании придерживаются различных подходов к выработке твердых принципов, являющихся основой корпоративного поведения. Некоторые, обладающие длительными и по большей части неписаными традициями добросовестностного отношения к делу, полагаются на относительно неформальный подход. Другие имеют особые кодексы с детально разработанными требованиями. Общепринятый и играющий все более важную роль подход состоит в том, чтобы установить принципы поведения для всех сотрудников организации в форме письменного документа.

Независимо от названия, эти документы являются примером основополагающего значения этики, понимаемой как совокупность соответствующих норм поведения. Значение подобного "кодекса" складывается из двух частей: во-первых, из него следует, какого поведения в различных ситуациях ожидает от работника компания и, во-вторых, он показывает, что компания хочет и ожидает от персонала понимания этических параметров корпоративной политики и действий компании. Когда дело касается людей, когда сталкиваются интересы и приходится выбирать между различными ценностями, возникает проблема поиска этически приемлимого решения. И это то, чем почти посто-

Этот отрывок взят из статьи под таким же названием, опубликованной Бизнес Раундтейбл в феврале 1988 г. (стр. 4-6,9) и приводится с разрешения Бизнес Раундтейбл.

янно приходится заниматься людям, занятым в бизнесе.

Хотя то, о чем идет речь в кодексах и правилах варьирует в разных областях промышленности, существует и общий список тем, который включает:

- Безусловную честность и следование закону
- Безопасность и качество продукции
- Конфликты интересов
- Практику найма
- Честность при продаже/маркетинге
- Финансовую отчетность
- Отношения с поставщиками
- Назначение цен, предъявление счетов и заключение   контрактов
- Торговлю ценными бумагами/ использование   внутренней информа   ции
  - Выплаты в целях получения новых возможностей для бизнеса
  - Приобретение и использование информации, касающейся   других людей и организаций
  - Безопасность
  - Политическую деятельность
  - Защиту окружающей среды
  - Интеллектуальную собственность

Приобретающее все большую популярность среди больших корпораций США движение по развитию и улучшению механизмов повышения эффективности их этических кодексов, имеет две взаимосвязанных цели:

- Во●первых, обеспечение соответствия стандартам поведения компании. За этим стоит понимание того факта, что человеческая совесть недостаточно надежна и нуждается в поддержке соответствующими установлениями.

- Во-вторых, реализация все более широко распространяющегося мне   ния, что сильная корпоративная культура и этика являются жизненно важным стратегическим ключом к выживанию и получению необходимой прибыли в нашу эпоху высочайшей конкуренции...

Улучшение репутации бизнеса отнюдь не является главной целью корпоративных этических программ. Напротив, многие администраторы убеждены, что культура, в которой забота о этике пронизывает всю организацию, прежде всего необходима в интересах самой компании. Они полагают, что это обязательное условие для поддержания уровня прибыли и соответствующей конкурентоспособности, необходимых для эффективной деятельности... Ни какого конфликта между этическим поведением и приемлимыми доходами нет. На самом деле, первое является необходимым условием второго. Устойчивая система ценностей, обычаев и методов ведения дел служит надежной основой для долгосрочных достижений.

Порядочность на практике

Уважение к правдивости

Смидес, Льюис Б.

"НЕ ПРОИЗНОСИ ЛОЖНОГО СВИДЕТЕЛЬСТВА"

В этой заповеди Бог запрещает ложь, отравляющую отношения между людьми, убивающую доверие и дегуманизирующую человечество. Ложь разрушает покров веры, придающий целостность любому человеческому сообществу. Ложь унижает любого человека, которого мы обманываем, поскольку лгать значит обращаться с человеком так, как будто он не имеет права на долю в общем доверии, без которого мы не можем оставаться людьми. В браке и торговле, в политике и законе, люди должны доверять друг другу. Ложь ставит под сомнение возможность сохранения цивилизованных отношений между людьми. Когда мы торгуемся, продавая старую машину, говорим умирающему ребенку правду о его состоянии, нашептываем обещания любимой или ведем переговоры о разоружении, мы связаны изначальной обязанностью быть честными...

Обман ближних

Я лгу каждый раз, когда намереваюсь обмануть ближнего. Обман это сердцевина любой лжи. Каждая ложь состоит как бы из двух потоков — одного, текущего от того, что я думаю к тому, что я выражаю, и другого, текущего от того, что я выражаю к моему ближнему. Я лгу, если намеренно искажаю поток между этим выражением и его адресатом. Слово "выражать" подразумевает в данном случае все способы, которыми мы передаем информацию: жесты, символические действия, мимику и даже молчание. Все это как бы "слова", несущие нашу мысль к сознанию ближнего. Ключ к лжи, это намерение обмануть этими "словами" нашего ближнего.

Конечно, человек может и не лгать, хотя его слова не соответствуют истине. Он может ошибаться, быть обманутым или просто пребывать в неведении. Кроме того, человек необязательно лжет, даже если его собеседник впадает в заблуждение. Это может быть результатом ошибки собеседника, желающего истолковать услышанное по-своему, или неспособного понять, что именно было сказано. В тоже время, мы можем лгать, хотя наши слова абсолютно истинны. В качестве примера можно привести книгу "Подросток", герой которой Пенни Бакстер хотел избавиться от своей никудышной охотничьей собаки. Он решил продать собаку Ленну Форрестеру. В месте, где все это происходило, предполагалось, что хозяин будет хвалить свою охотничью собаку, нанизывая на нитку лжи ее необыкновенные доблести. Разумеется, чем больше вы хвастались, тем яснее становилось, что вы лжете. Пенни привел свою собаку к Ленну и сказал:

Льюис Смидес является профессором теологии и интеграции Фуллеровской теологической семинарии (Пасадена, Калифорния). Часто выступает с лекциями; автор бестселлера "Простить и забыть"(1984) и книги "Просто мораль" (Гранд Рапидс, Мичиган, изд. Ээрдманс, 1983), из которой с разрешения издателя и автора взят публикуемый отрывок.

"Слушай-ка, это худшая охотничья собака, которую ты когда-либо видел."
Ленн подскочил от изумления. "В жизни не слышал, чтобы человек так ругал свою собаку, — пробормотал он. На следующий день Ленн принес к дому Пенни Бакстера хорошее ружье и сказал: "Не спорь со мной. Если я хочу эту собаку, значит я ее действительно хочу. Возьми за нее ружье, или, клянусь Богом, я ее украду." Итак, обмен состоялся. Пенни избавился от своей собаки, и к тому же с немалой выгодой. Но вскоре у него начались угрызения совести.

Сын стал его успокаивать: "Папа, но ведь ты сказал правду."

"Да, — ответил Пенни, — слова я сказал прямые, но намерения мои были извилисты как река Оклаваха."

Мы можем ошибаться, не солгав при этом, но точно также мы можем лгать, не ошибаясь. Все дело в наших намерениях. Слова, которые мы говорим нашему ближнему, намереваясь его обмануть, это лживые слова. Намеренное желание скрыть, что у нас на уме — это ложь, запрещенная заповедями...

Правдивость ради ближнего

Характер человеческого сообщества является основной причиной того, почему Бог приказывает нам быть правдивыми. Говоря о церкви, которая предназначена быть моделью общественной жизни, Павел объясняет это совершенно ясно: "Посему, отвергнувши ложь, говорите истину каждый ближнему своему, потому что мы члены друг другу" (Еф. 4:25). Необходимость правдивости заложена в нашем отношении друг к другу. Наш ближний заслуживает от нас правды, ибо он — член нашего сообщества.

Вообразите себе общество, в котором никто не верит, что другой человек сдержит свое обещание и от руководителей которого не ждут ничего, кроме лжи; общество, в котором каждого учителя подозревают в том, что он — невежда и жулик, а каждого проповедника — в том, что он аморальный мошенник, общество, в котором контракты выполняются только в том случае, если они хорошо оплачиваются, а слово друга заслуживает доверия не больше, чем реклама сигарет. Никто в таком обществе не смог бы довериться другу или обратиться за помощью к консультанту. Ни один деловой человек не смог бы рассчитывать на верность своего партнера. Никто не смог бы принимать решения, основанные на достоверном знании реальной ситуации. Никто не смог бы быть уверенным в следующем шаге своего ближнего. Жизнь превратилась бы в сплошной кошмар. Без взаимного доверия мы превращаемся из сообщества в стаю, из общества в банду...

Как оставаться правдивым во время жизненных конфликтов

Девятая Заповедь основана на тезисе, что человеческое сообщество без правдивости разрушается и что ложь ранит людей. Тем не менее, нередко жизнь дает понять, что подчас человеку будет лучше, если он слегка покривит душой. Можем ли мы уважать правдивость и, вместе с тем, допускать, что время от времени вполне можно и даже стоит солгать? И если мы признаем возможность оправданной лжи, сможем ли мы найти правила, помогающие нам распознать "хорошую" ложь?...

Давайте начнем с того, что определим четыре категории лжи, о которых мы склонны думать достаточно хорошо, которыми мы нередко пользуемся и

к которым окружающие, по большей части, относятся вполне терпимо. Тогда одним из критериев оправданной лжи станет возможность отнести ее к какой-либо из этих категорий.

"Безвредная ложь"

Некоторые виды лжи просто смазывают подшипники социальных отношений. Мы используем их, чтобы уменьшить трение, возникающее при общении с другими людьми. Они сглаживают наши социальные шероховатости.

1. Вежливая ложь. Женщина приглашена на вечеринку, идти на которую она не хочет. Она отвечает: "Я бы с радостью пришла, но к сожалению именно 15-го я занята." Невоспитанный гость наконец уходит после окончательно испорченного им вечера; хозяйка говорит ему: "Мы надеемся снова вас увидеть." Бизнесмен начинает письмо к человеку, которого он презирает, словами: "Дорогой Ральф," и заканчивает его: "Сердечно ваш." Весь этот обман вполне благонамерен и используется не для того, чтобы обмануть ближнего, а для предотвращения малоприятной невежливости.

2. Эвфемизмы. В этом мире жестокой действительности, мы любим сглаживать углы словами, которые не так сильно нас ранят. Мы "прерываем беременность" вместо того чтобы "убивать зародыш." Мы имеем "близкие отношения" вместо того чтобы "совершать прелюбодеяние." Торговцы порнографией прикрывают уродство своего бизнеса, называя порномагазины "книжными магазинами для взрослых." И, конечно, предельным эвфемизмом было словосочетание "окончательное решение", использованное для обозначения убийства нацистами шести миллионов евреев. Правда, можно возразить, что эвфемизм на самом деле не ложь, а, как пела Мэри Поппинс, "ложка сахара," которая "помогает проглотить лекарство."

3. Преувеличения. Часто мы используем восторженные или выспренные слова не для того, чтобы причинить кому-нибудь вред, а для того, чтобы улучшить настроение окружающих и, возможно, сделать свою речь более интересной. Самая обыкновенная женщина становится "прекрасным человеком", обычная проповедь — "вдохновенной", а тому, кто старается в меру сил, приписываются "невероятные усилия..."

4. Лакировка действительности. Когда мы добавляем к уродливой действительности фальшивый блеск или покрываем отвратительный факт оболочкой лжи, мы лакируем действительность. Дядя Джо — пьяница, но отец говорит детям: "Дядя Джо одинок, и иногда он пьет слишком много." Компания понесла огромные потери, но президент говорит акционерам: "Компания, после некоторых временных неудач, снова прочно стоит на ногах..."

Вред "безвредной лжи"

Является ли "невинная ложь" действительно безвредной? Является ли она, учитывая ее широчайшее распространение, ложью, не причиняющей никакого вреда? И, если, тем не менее, она вредна, является ли вред, который она приносит человеческому сообществу, меньшим, чем тот вред, который принесла бы нам чистая правда?...

1. Эрозия нашего "чувства правдивости." Человек, использующий безвредную ложь в качестве защиты от каждого неприятного разговора, скорее

всего быстро привыкнет лгать. Если вы всегда пытаетесь поднять настроение окружающих при помощи преувеличенных похвал, если вы всегда смягчаете гнев, лакируя все, что вас рассердило, если вы всегда спасаете себя в социально значимых ситуациях, говоря неправду о своих чувствах, вы можете выработать у себя привычку ко лжи и рискуете потерять чувство правдивости...

2. Желание спрятаться от действительности. "Невинная ложь" облегчает общение примерно так же, как элениум снимает стресс. Используемые лишь при крайней необходимости, они могут помочь обойти неприятность, с которой вам трудно иметь дело в настоящий момент. Однако, войдя в привычку, они превращают нас в страусов, прячущих головы в песок. Мы используем их не для того, чтобы передохнуть и суметь после этого встретить неприятность лицом к лицу, а чтобы жить так, как будто никакие неприятности нас не тревожат...

3. Моральные наручники. "Невинная ложь" привязывает обманутого человека ко лжи и лишает его возможности свободно реагировать на реальные обстоятельства. Предотвращая малую боль сегодня, "невинная ложь" нередко вызывает большую боль в будущем. Писатель получает от издателя рукопись с вежливой ложью: "ваше произведение слишком сложно для наших читателей." "Невинная ложь" обладает достаточным усыпляющим действием, чтобы отвратить писателя от болезненной работы по переписыванию скучной книги...

4. Воспитание цинизма. "Невинная ложь" как образ жизни постепенно делает и обманщика, и обманутого циниками. В конце концов, никто уже не верит, что другой скажет ему правду. Если мы сами "невинно лжем," нам нередко начинает казаться, что точно также ведут себя с нами окружающие. Правила жизненной игры, полагаем мы, побуждают обоих участников разговора быть вежливыми лжецами. Но кончается ли дело на этом? Если вы полагаете, что я лгу из вежливости во время ничего не значащих разговоров, сможете ли вы доверять мне в бизнесе или политике?

Нельзя сказать, что каждая "невинная ложь" есть зло, но груз оправдания "безвредной лжи" лежит на лгущем и он должен доказать, что "невинная ложь" — как вид лжи — может быть оправдана. Мне кажется, что подобные попытки обречены на неудачу. В конечном итоге, правдивость в общественных отношениях, возможно, временами болезненная, лучше зла, обрушивающегося на нас в результате бесконечной свистопляски "невинной лжи." Безумие жизни делает иногда "невинную ложь" необходимой, однако злоупотребление ею может оказаться для человеческого сообщества смертельным.

Ложь для блага других людей

Давайте рассмотрим различные виды лжи, продиктованной любовью. Я беру только несколько типичных случаев, но их вполне достаточно для того, чтобы помочь нам оценить утверждение, будто ложь, использованная, чтобы помочь людям, ложь из любви, является хорошей.

1. Ложь для защиты равных нам. Некомпетентный коллега, профессионально несостоятельный, но обладающий хорошим характером, не получил бы повышения, если бы мы дали ему честную характеристику. В общем, мы лжем ради него не особенно кривя душой, а просто, чтобы не испортить ему жизнь...

2. Ложь для защиты находящихся ниже нас. Наделенные властью нередко думают, что обычные люди не могут справится с правдой. Поэтому они лгут, чтобы защитить нас. Они действуют как родители, решающие когда их дети будут готовы узнать правду о жизни... Политические лидеры лгут ради блага рядовых граждан. Они "знают", что маленьким людям нельзя доверить правду... "Благородная ложь" кажется им совершенно необходимой для блага маленьких людей. Но, какими бы высокими соображениями они ни руководствовались, лидеры-лгуны присваивают себе право решать за всех нас, когда мы можем знать правду...

3. Ложь для защиты страдающих. Немногие люди обладают тем превосходством, которое имеет над своим пациентом врач. Доктора приносят клятву облегчать страдания; необходимость соблюдать эту клятву вызывает у любого врача определенные сомнения относительно возможности оставаться правдивым в любой ситуации. Таким образом, врач решает за тяжело больного или умирающего пациента, сказать ли ему правду о его состоянии...

Урон, приносимый благонамеренной ложью

1. Благонамеренная ложь унижает обманутых. Во-первых, она ставит обманутых в положение детей. Кто-то другой решает за них, когда им хватит сил, чтобы вынести правду, а когда их лучше обмануть.

Во-вторых, благонамеренная ложь отнимает у обманутых их право на правду. Кто-то решает, что простые граждане или пациенты не имеют присущего им от рождения права на то, что с ними будут обращаться правдиво.

В-третьих, ложь ради того, чтобы помочь кому-то, отнимает у обманутого свободу. Не может быть свободен тот, кто принимает решения, основываясь на ложной или искаженной информации. Люди, которым лгут ради их же политического или физического блага, находятся в зависимости от этой лжи. Они лишены возможности принимать самостоятельные решения в ответ на грозящие им неприятности...

2. Благонамеренная ложь разъедает характер лжеца. Лишь немногие люди в нашем греховном состоянии могут долго сопротивляться разъедающему действию покровительственной лжи. Безмерное высокомерие, содержащееся в предположении, будто у вас есть право решать, когда следует лгать другим людям, морально разрушительно. Никто не может долго играть роль бога и не прийти к мысли, что эта роль написана специально для него. Любящий лжец, начинающий лгать в экстремальной ситуации для блага другого человека, вскоре начинает верить, будто он действительно наделен мудростью, позволяющей знать, когда кто-то заслуживает правды. Более того, люди, облеченные властью, испытывают трудности, пытаясь разграничить то, что хорошо для общества, с тем, что хорошо для лжеца. Покровительственно настроенный политик становится лжецом, когда ему приходится прикрывать собственные фланги. Покровительственно настроенный врач начинает лгать каждый раз, когда ложь помогает ему избежать болезненного соприкосновения с его собственной медицинской ошибкой. Благонамеренная ложь, произносимая по привычке, разъедает характер покровительственно настроенного лжеца.

3. Благонамеренная ложь разрушает сообщество. В конечном итоге, покровительственная ложь разъедает доверие, необходимое для обществен-

ной жизни. Ложь, используемая политиками для общественного блага, со временем порождает циничное отношение к правительству, что отталкивает людей от участия в демократическом процессе. Ложь, используемая для того, чтобы помочь выжить некомпетентным коллегам, разъедает доверие общества к профессионалам. Ложь, используемая для того, чтобы защитить страдающих, подрывает доверие, которое общество должно испытывать к представителям медицинских профессий...

4. Благо, полученное при помощи лжи, недолговечно. Мы лжем, чтобы избавить людей от боли сегодня; наша ложь может помешать им сделать то, что устранит причины их боли в будущем. Мы лжем, чтобы защитить своих коллег и друзей, но при этом мы лишаем их шанса исправить свои недостатки и навязываем их услуги ничего не подозревающим жертвам их некомпетентности. Ложь почти всегда используется для сиюминутного блага, без необходимой заботы о тех, кто останется завтра у разбитого корыта...

Ложь, используемая против плохих людей

Великий голландский юрист Гуго Гротиус учил, что некоторые люди не заслуживают, чтобы мы говорили им правду. Всякий, у кого есть враг, успокаивает себя теорией Гротиуса относительно справедливой лжи. Имел ли Гитлер право знать о планах союзников, касающихся вторжения в Европу? Нет, говорим мы, необходимо лгать подобным исчадиям ада ради того, чтобы защитить истину. Как заметил на конференции в Ялте сэр Уинстон Черчиль, "в военное время... правда столь драгоценна, что ее всегда должен сопровождать телохранитель-ложь..."[1]

Была ли ложь, использованная для того, чтобы спасти Анну Франк, оправдана на том основании, что нацисты не заслуживают правды? Безусловно, да. Но соглашаясь с этим, вы столкнетесь с некоторыми трудными вопросами, прежде чем сможете прийти к выводу, что любая ложь, использованная против настоящих людей, это ложь оправданная. Один из этих вопросов таков: кто имеет право решать, когда другой человек потерял свое право на правду? Гротиус, например, полагал, что дети и умственно отсталые этого права не имеют. На основании чего он решил, что эти невинные люди должны быть лишены возможности знать правду? И что, в таком случае, мешает гению, исходя из тех же предпосылок, решить, что все не гениальные люди теряют свое право на правду? Что останавливает бизнесмена от предположения, будто все его серьезные конкуренты теряют право на правду? Общество, осознающее свою ответственность, не позволяет элите делить людей на тех, кто заслуживает знать правду и тех, кто этого не заслуживает. Общество, терпящее лгущую элиту, это общество, быстро превращающееся в звериную стаю...

Гитлеры всплывают на поверхность как отбросы со дна и, разумеется, чтобы потопить их, ложь может быть необходима. Но когда мы оправдываем такую ложь, мы должны руководствоваться чем-то большим, чем просто убежденностью в том, что плохие люди не заслуживают правды. Мы не можем жить, руководствуясь этикой, наделяющей каждого человека правом решать достаточно ли хороши его ближние, чтобы быть достойными правды.

Ложь для спасения жизни

Наконец, мы подошли к вопросу о том, стоит ли лгать ради спасения жизни. Это — вполне надежный критерий: если я могу спасти жизнь другого, только ценой лжи, то моя ложь оправдана. И, в соответствии с законом самозащиты, если я могу лгать, чтобы спасти жизнь своего ближнего, я имею право лгать, чтобы спасти свою собственную жизнь. Иначе говоря, когда на одну чашу весов кладется человеческая жизнь, а на другую правдивость, перевешивает жизнь. Является ли это тем правилом, которому мы можем полностью доверять, не боясь разрушить правдивость нашего мира?

Мы уверены в правомерности лжи для спасения жизни, потому что у нас есть неопровержимое интуитивное чувство, говорящее, что уничтожение человеческой жизни гораздо хуже лжи. Большинство из нас просто чувствует, что когда дело доходит до сохранения жизни, мы должны лгать смело и до конца. Нам не нужны никакие аргументы; мы полагаемся на наше инстинктивное чувство ценности человеческой жизни, которая так велика, что мы должны лгать, если ложь действительно может помочь нам спасти жизнь. Так что же, удалось ли нам найти надежный критерий для оправдания лжи? Я думаю, да. Все зависит, конечно, от того, верно ли наше чувство приоритета жизни. В этом искаженном мире нам приходится иногда — хотя и не часто — выбирать; и когда этот выбор встает перед нами, мы правы, выбирая жизнь, даже если ради этого нам придется лгать...

Конечно, бывают экстремальные ситуации, требующие "невинной лжи" или некоторой неправды, но мы должны ограничивать использование лжи их рамками. Мы обязаны стремиться к правдивости, в каком бы положении мы не оказались. Общие формулы оправдания лжи обычно несостоятельны; единственная, о которой можно говорить всерьез, это ложь или жизнь — ложь в защиту человеческой жизни. В каждом конкретном случае необходимо принимать решение в зависимости от реальных обстоятельств. Необходимо до конца понимать ситуацию, чтобы знать, не слишком ли высока цена правдивости.

Возможно, в другое время люди смогут проявлять большую гибкость и не быть такими строгими. Но в нашу эпоху, когда обман угрожает каждой области общественной жизни, я считаю себя обязанным закончить следующими словами: Говорите правду и будьте правдой, ибо ваша правда освобождает других.

Примечание

[1]Уинстон Черчиль, "Вторая мировая война: Закрывая кольцо" (Бостон: Хофтон Миффин, 1951), 383.

Правдивость, ложь
и порядочность

МАРК БОЙС

Французский философ Паскаль говорил, что "первейшая нравственная обязанность — мыслить четко."[1] Это особенно верно, когда речь идет о попытках создать новый общественно-экономический порядок в бывшем Советском Союзе. Ложные представления о человеческой личности, общественных отношениях и основе экономического развития привели к разрушительным последствиям на много десятилетий вперед. Народы Советского Союза подвергались разрушительному воздействию коммунистической лжи больше 70 лет. Более того, коммунизм взрастил общество, основанное на повседневной лжи. Экономист Абел Аганбегян заявил, что Советский Союз был "построен на годах лжи".[2]

Поучительны соображения чехословацкого президента Вацлава Гавела по поводу коммунистической лжи. В своем новогоднем обращении (1990г.) он сказал: "мы живем среди руин морали. Мы стали нравственно больными, потому что привыкли говорить одно, а думать другое". Гавел твердо заявил, что он занял пост президента не для того, чтобы сохранять традицию лжи.[3]

В настоящее время Восточная Европа и государства-преемники СССР пытаются совершить переход от командной экономики к рыночной. Большинство людей, видимо, согласится, что для нормального функционирования рыночной экономика требует определенного уровня порядочности и наличия этических ценностей. Представляется очевидным, что предприниматели-первопроходцы призваны сыграть особую роль в судьбе бывшего Советского Союза не только в экономическом, но и в духовном, в нравственном плане. А если это так, то какие практические советы можно дать и какие конкретные этические руководящие принципы нужно предложить предпринимателям, столкнувшимся с необходимостью говорить правду?[4]

Проблемы честности и лжи неизбежно возникают в деловых отношениях, и, развивая рыночную экономику, к ним необходимо относиться со всей серьезностью. Большую часть жизненной энергии экономических систем составляет энергия, порождаемая нравственными привычками народов. Нельзя сказать, что здоровая рыночная экономика целиком сводится к проблемам нравственности, но, по всей видимости, существует сильная корреляция между экономическим успехом или провалом, с одной стороны, и

Марк Бойс, магистр в области управления бизнесом Гарварда, магистр искусств Фуллеровской Теологической семинарии, ранее работал менеджером по маркетингу в компании Микрософт, а с недавнего времени работает в Бродвью Ассошиэйтс, ведущей фирме, специализирующейся на слиянии и приобретении предприятий, обслуживающей индустрию глобальной информационной технологии. Он является членом совета директоров Совьет Юнион Нетворк-ЮСА, и обладает огромным опытом международного культурного общения.

соотношением достоинств и пороков, характерных для общества, — с другой.[5]

Построение смешанной экономики по западному образцу может быть осуществлено лишь за счет совместных героических усилий честных предпринимателей. К сожалению, большинство граждан бывшего Советского Союза воспринимает смысл слов "честные предприниматели" не иначе, как оксюморон, стилистическую фигуру, сочетающую противоположные по значению понятия. Тем не менее при выходе на арену влиятельного меньшинства, в данном случае, предпринимателей, которые являются порядочными людьми, могут произойти значительные изменения. Русский экономист Леонид Абалкин замечает, что "для создания реального рынка понадобятся глубокие изменения в структуре нашей психологии... На это уйдет не меньше десяти лет, а может быть, и целое поколение."[6] Силой собственного примера нравственного поведения предприниматели нового типа могли бы способствовать формированию нравственно здоровой сферы деловых отношений — основы экономического успеха.

Быть предпринимателем в бывшем Советском Союзе очень трудно. Нынешнее подобие свободного рынка процветает не потому, что в бизнес пришли честные предприниматели нового образца, а потому, что многие деляги воспользовались перестройкой и, опираясь на инерционность старой советской системы, выбирают окольные тропы, хитроумно обманывают, жульничают и предают. Те немногие демократы, политики и предприниматели, которым удалось вырвать власть у провинциальных бюрократов, поняли, насколько беззащитна рыночная система перед лицом полного экономического и политического развала страны. Положение предпринимателя, который хочет вести дело честно, трудно до чрезвычайности. Годы неуважения к правде сказались на атмосфере, в которой ведется бизнес.

Для драматурга атмосфера — общий настрой зрительного зала во время спектакля, но в повседневной жизни это слово может означать духовное и нравственное состояние народа, основанное на его истории. Для того, чтобы правдивость воспринимали как одну из основных общественных ценностей, очень важно понять, насколько еще сохранилась атмосфера лжи, господствовавшая в бывшем Советском Союзе. В частности, исторические факторы, сформировавшие сегодняшнюю атмосферу — полученные в наследство от сталинизма лживость и предательство, всепроникающее недоверие — наследие Ленина и Сталина и догматическая ложь, драпирующая извращенной моралью все, что служит на пользу Коммунистической партии. Русское слово "мещанство" — многозначное понятие, включающее в себя все зло, взращенное в советском обществе за десятилетия лицемерия и лжи. "Мещанин" — это тот, кто знает, как достичь власти путем обмана.[7]

Ложь занимает особое место в истории коммунизма. Экономические показатели, которые Кремль представлял советскому народу и международным организациям, часто фальсифицировались. В начале 30-х годов Сталин повелел верить, что антигенетические теории Трофима Лысенко — научная основа развития сельского хозяйства. Руководителей колхозов заставили выбирать один из двух возможных обманов. Один из них — продолжать вести хозяйство по-прежнему, но при этом лгать, уверяя, что они следуют теориям Лысенко. Другой вариант — превратиться в верного лысенковца и

лгать относительно объема произведенной продукции, наблюдая при этом неминуемый упадок хозяйства. Сталин провозгласил, что Лысенко во всем прав, и никто не мог возразить вождю, заявив, что это глубокое заблуждение. Причины сегодняшнего кризиса сельского хозяйства сложны и многочисленны, но безусловно, что многолетняя, вошедшая в плоть и кровь привычка обманывать играет одну из решающих ролей.

Еще совсем недавно, в 1988г. экономисты-плановики приветствовали как выдающееся достижение открытие Сиверского трактороремонтного завода под Санкт-Петербургом. Председатель Российского Государственного комитета по аграрному производству (Агропрома) рассыпался в похвалах заводским сооружениям. "Правда", к тому времени не имевшая информации из первых рук, назвала завод ни больше, ни меньше, как красавцем, первым по величине в этой отрасли, гигантом, способным удовлетворить потребности всех колхозов и совхозов Северо-Запада. Однако в конце концов, когда правдинский журналист добрался до местонахождения этого завода, то кроме куч цемента и битого кирпича, он ничего не обнаружил.

Впоследствии "Правда" напечатала статью "Завод, которого не было" и напомнила читателям об изобретательном обмане, связанном с именем придворного Екатерины Великой Григория Потемкина, который воздвигал деревни из одних фасадов, чтобы убедить императрицу, будто земли, недавно завоеванные у турок, густо заселены и процветают. Согласно "Правде", строительство завода началось в 1974 г., но благодаря неудачному проекту и нехватке фондов так ни во что реальное и не воплотилось. Вместо того, чтобы признаться, что из этой затеи ничего не вышло, председатель агропрома назначил комиссию, которая должна была подписать акт о приемке завода. После того, как комиссия подписала этот акт, и его утвердили в Москве на самом высоком уровне, агропром включил несуществующий завод в статистические отчеты, оформляя фиктивные заказы и списывая на них значительные суммы. Когда этот обман раскрылся, некоторые из подписавших акт о приемке утверждали, что на них давили и заставили поставить свою подпись, некоторые заявили, что их подпись была подделана. Представитель местной пожарной инспекции объяснил, почему он подписал этот документ, так: "Там не было никакого завода, следовательно, нечему было и гореть."[8]

Признавая бремя всепроникающего обмана в прошлом, какие практические советы по ведению честного бизнеса можно дать предпринимателям? Стоит иметь в виду следующие восемь принципов, полностью себя оправдавших:

1. Придерживайтесь строгого этического кодекса и высоких стандартов поведения.

Многие кооперативы исходят из принципа, что с бюрократией можно справиться только путем обмана. Более того, по причине совершенного хаоса в юриспруденции никто не может быть полностью уверен, что законно, а что нет. Ни русские, ни американские юристы, чья обязанность понимать все декреты, законы, постановления, конституции, кодексы и указы, которые извергаются могучими потоками республиканскими министерствами, съездами, комитетами, профсоюзами, не могут понять до конца, что законно, а что нет. Как утверждает Барбара Хиллас, специалист по Советскому Союзу, юрисконсульт вашингтонской юридической фирмы "Стептоу и Джонсон":

"Весь бывший Советский Союз погружен в неразбериху, и законы отражают эту неразбериху." Другой юрист этой же фирмы добавляет: "Я не знаю, что законно, а что нет, потому что само правительство в этом еще не разобралось."[9]

В свете того, что в бывшем Советском Союзе в вопросах законности царит полнейшая неразбериха, каждому предприятию неплохо было бы иметь письменный свод правил поведения.[10] В подобном кодексе американской компании Джонсон и Джонсон, в частности, записано:

> "Мы должны обеспечить: сокращение производственных затрат для поддержания умеренных цен, точное и быстрое исполнение заказов покупателей, высокую прибыль нашим поставщикам и агентам по продаже продукции фирмы.
>
> Мы ответственны перед нашими служащими за уважение их достоинства и признание заслуг, за справедливость и адекватность оплаты их труда. На компании лежит забота об исполнении служащими долга перед собственными семьями.
>
> Действия администрации обязаны быть компетентными, этичными, справедливыми.
>
> Компания должна быть высокоприбыльной, для чего необходимо вести исследовательскую работу, экспериментировать и не бояться использовать новые идеи, разрабатывать и внедрять программы модернизации производства и самим расплачиваться за совершенные ошибки. Если мы будем действовать подобным образом, наши акционеры получат справедливо заработанную прибыль."[11]

В этом документе (называемом "Кредо компании Джонсон и Джонсон") административный руководитель компании Джеймс Бурке определяет прибыль как результат честности по отношению к потребителю и ответственности перед обществом в целом. Он считает, что большинство служащих фирмы одобряют, что в "Кредо" делается особый акцент на высокие этические стандарты.

Чтобы подчеркнуть, насколько важно для менеджера неуклонно соблюдать личную порядочность, стоит только пролистать отчет Школы бизнеса Колумбийского университета. Более 1500 администраторов более чем из 20 стран поставили этичность и честность первыми в списке личных качеств, необходимых Главному администратору. Для предпринимателей, которые собираются действовать не только у себя дома, в странах СНГ, но и на международной арене, эти качества абсолютно необходимы.[12] Автор "Преуспевания в хаосе" Том Питерс ставит порядочность во главе списка из 45 сравнительных характеристик.[13] По его утверждению, чтобы выдержать конкуренцию при рыночной экономике, нужно быть честным и на деле доказывать свою порядочность. Макс Де Пре, главный администратор фирмы Херманн Миллер, Инк., утверждает, что "руководители связаны нерушимым договором с корпорацией или учреждением, которые, в конце концов, состоят из людей. Руководители обязаны дать организации ориентиры для того, чтобы продемонстрировать, чего могут достичь прилежные, усердные, преданные люди в стенах данного учреждения."[14]

2. Заботиться о своей репутации, чтобы продолжать получать новые деловые предложения: честность себя оправдывает.

Так как зарождающийся в бывшем Советском Союзе рынок регулируется весьма небольшим числом законов, многие контракты составляются юристами, которые самостоятельно придумывают свои собственные правила для случаев, не рассмотренных в своде законов. К примеру, в России заключаются тысячи контрактов на основе краткосрочных соглашений о продаже товаров. И на Западе контракты часто бывают краткими, т.к. обязательства четко определяются законами и прецедентами, но в государствах СНГ все должно быть расписано до малейших подробностей. Предположим, что если обе стороны выигрывают от соглашения, они не разорвут контракта. Однако в нынешней атмосфере всеобщего недоверия это означает, что обе стороны должны начать делать деньги буквально с первого дня. И лишь немногие рискуют делать инвестиции при отсутствии законов о деловых соглашениях. Сергей Алексеев, глава межреспубликанского исследовательского центра по гражданскому праву, говорит, что "в теории наши суды признают обоснованность требований к условиям соблюдения контрактов, если эти контракты не противоречат существующим законам, но бывают случаи, когда контракты объявляются просто не имеющими юридической силы."[15]

Армен Казарян, брокер товарной биржи, полагает, что, в частности, благодаря юридической слабости многих деловых соглашений и возникает могучая система доверия, лежащая в фундаменте торговли, хотя эта система может дать сбой, в случае, если закупщики отказываются платить. "У нас уже есть черный список людей, с которыми мы больше не имеем дела"[16]. Тот, кто солгал или сжульничал, потерял свою репутацию, как среди русских, так и среди иностранцев. Недаром пословица говорит: "Обман возвратится к обманщику", а если предприниматель будет продолжать поступать нечестно, то рано или поздно подобное поведение повернется против него же, поскольку никто не захочет иметь с ним дела.

3. Развивать силу духа, веру, терпимость и мужество в качестве противоядия страху, отчаянию и хаосу.

Страх и отчаяние, охватившие ныне улицы русских городов, породили все увеличивающийся класс молодых людей, движимых исключительно желанием заполучить как можно больше денег и контактов с Западом.[17] В свете экономического кризиса многие предприниматели надеются выжить, опираясь, по примеру революционеров-большевиков, на предположение, что цель оправдывает средства. Такой взгляд на вещи крайне опасен для всех. Совершенно необходимо отличать конечный результат (деньги) от процесса их добывания. Если, пожертвовав честностью, стараться сделать деньги как можно быстрее, то и выгода окажется крайне недолговечной.

Если организация действует путем жульничества и обмана, то частично это можно отнести за счет страха и пылкого желания как можно скорее достичь своей цели. Один из источников такой нетерпеливости — отсутствие веры. Многие люди в бывшем Советском Союзе поняли, что возврат к религии, к вере в Бога может послужить прочной основой для стабилизации в обстановке полной нестабильности.[18] Твердые религиозные убеждения могут служить оправданием для чувства призвания и целеустремленности у

предпринимателя (см. также правило 5). В действительности многие русские интеллигенты обратились к христианским этическим ценностям в качестве реакции на окружающее нравственное вырождение. Исследование, проведенное в 1989 г. русским социологом Татьяной Ивановной Заславской, подтвердило резкий рост числа людей, интересующихся религией.[19] Русские книги на каждом шагу употребляют нынче три христианские понятия: духовность, милосердие и покаяние. "Именно писатели забили тревогу по поводу таких признаков духовного обнищания как политический цинизм, коррупция, самовосхваление, стукачество, алкоголизм, эрозия рабочей этики и чувства ответственности, нигилизм молодежи, ложь, вошедшая в привычку..."[20]

Вера в Бога указывает путь к решению наших проблем. Более широкая духовная точка зрения на вопросы бизнеса помогает подняться над присущей современности атмосферой страха и отчаяния и найти в себе мужество говорить и действовать правдиво. Мужество, которое может питаться крепкой верой, совершенно необходимо, чтобы быть сегодня успешным и честным предпринимателем в государствах-наследниках Советского Союза.

4. Понимать потенциальную высшую цель предпринимательской деятельности.

Богатство страны находится в прямой зависисмости от творческого потенциала ее предпринимателей. То, что в XX веке жизнь в западных странах, с их материальным изобилием, стала гораздо легче, — это результат творческой деятельности предпринимателей. Американский экономист Майкл Новак определяет капитализм как "систему, позволяющую наиболее полно осуществить творческий потенциал человеческой личности. Это система, которой нужны хорошие головы... На повседневном языке экономическое творчество называют предпринимательством". Слово "капитализм" происходит от латинского слова "caput", что означает "голова".[21] Некоторые христианские мыслители связывают понятие творчества с понятиями предприимчивости и инициативы. Папа Иоанн Павел II считает "право на частное экономическое предпринимательство" одним из основных прав человека.[22] При определенных обстоятельствах частное предпринимательство может считаться нравственной добродетелью, потому что честный предприниматель способствует повышению общественного благосостояния, обеспечивая необходимые товары и услуги. Добродетельность того, что Новак называет "частным экономическим предпринимательством" существенна для нового экономического порядка в странах СНГ. Способность к экономическому творчеству, данная нам Богом, может рассматриваться не только как нравственная, но и как интеллектуальная добродетель.

Как и жизненная мудрость, частное предпринимательство требует хорошей интуиции. На первой стадии такая интуиция сводится к привычке предвидеть различные возможности, например, изобретать новые товары и услуги, пока не известные потребителю, или придумывать новые, лучшие или более эффективные способы их производства и распространения. Инициативный частный предприниматель, как и любой житейски умный человек, если возникает возможность действовать, сразу эту возможность замечает, в

то время как человек, не обладающий такой интуицией, скорее всего, эту возможность упустит. На следующей стадии добродетель предприимчивости проявляется в претворении творческих замыслов в жизнь. Житейская мудрость ведет к поступку, экономическая предприимчивость — к созиданию.[23]

В качестве нравственной добродетели частное предпринимательство включает в себя созидательную деятельность на благо общества; как интеллектуальная добродетель — здравый смысл. И, наконец, в плане человеческих взаимоотношений, это добродетель социальная. В бизнесе почти каждый поступок или решение связаны с взаимоотношениями между людьми, и совершенно ясно, что взаимное доверие необходимо. Нельзя совершать финансовые сделки, если не заложены основы доверия: участникам сделок приходится верить друг другу, что они не нарушат своего слова — цены, указанные в контракте, не должны сильно отличаться от цен, запрошенных впоследствии — лица, ведущие учет, должны быть надежными и вести аккуратные записи, что, кем и за какую плату сделано. Принятие решений относительно производства продукции требует адекватной оценки качества и эффективности, что в свою очередь, требует честности и точности. Сложные системы услуг и комплексные деловые операции требуют эффективной групповой работы, которая невозможна без взаимного доверия и уважения. Как пишет американский социолог Амитай Этциони:

> "Доверие, безусловно, играет решающую роль и в экономике, а не только в области общественных отношений, поскольку без него денежное обращение невозможно, накопление теряет смысл, стоимость сделок резко возрастает, короче говоря, трудно представить себе современную экономику без стихии доверия, пропитывающего ее насквозь."[24]

Управленческая деятельность в экономике зависит от доверия, но, можно видеть, что и помимо этого менеджеры принимают решения, содержащие нравственный выбор. Почти любая деятельность в области бизнеса оказывает влияние на большое число людей, и вполне закономерно можно поставить вопрос о конечной пользе или вреде этой деятельности.

5. Понимать, что такое правдивость и почему надо говорить правду.

Ядро правдивости — намерение говорить правду. Вот что говорит по этому поводу специалист в области этики Льюис Смидес: "Что означает, что говорящий правдив? Он правдив в том случае, когда не боится, что собеседник может понять, что у него на уме и на сердце."[25] Напротив, ложь — любое неверное утверждение или сообщение, намеренно представленое как истинное, иными словами, все, что предназначено для того, чтобы обмануть или ввести в заблуждение. Смидес рассматривает правдивого человека в трех аспектах: как существующего правдиво, думающего правдиво и говорящего правдиво. Эти компоненты правдивости вытекают из тех же идей, что разви-

вались нами при обсуждении вопроса, можно ли рассматривать личную экономическую инициативу как добродетель.

Существовать правдиво означает обладать внутренней гармонией, не разыгрывать роль того, кем ты на самом деле не являешься. Существовать правдиво также означает выполнять свои обязательства как в частной, так и в деловой жизни. Согласно Смидесу, правдивому человек присущи следующие свойства:

> "Последовательность — отсутствие разрыва между твоим нравственным чувством что хорошо и что плохо, и тем, как ты стараешься поступать. Последовательность... — это вопрос намерения... Правдивый человек не обязательно должен быть безупречно последовательным, но он должен, по крайней мере, стремиться к этому."[26]

Вторая составная часть правдивости предписывает нам правдиво думать, то есть не мешать действительности адекватно отражаться в нашем мозгу, следить, чтобы в процессе мышления мы не поддавались самообману. Если мы сами себя обманываем, если мы стали жертвой собственных завиральных идей относительно нашей значительности или квалификации, или богатства, или чего угодно еще, то как же мы можем быть честными с другими? Третье условие правдивости — говорить правду. Тут, как и в предыдущих двух случаях, самое главное — намерение. Говорить правду, означает прежде всего, стремиться не обмануть. Однако для того, чтобы полностью понять, как говорить правду, мы должны ответить на вопрос — а почему, собственно, правдивость такая важная вещь? В том ли дело, что правда является самодостаточной целью? Или также и в том, что обман приносит людям вред? Как уже указывалось выше, когда мы говорили о пользе для общества частного предпринимательства, если мы говорим правду, мы пользуемся доверием — а только в этом случае реальны долгосрочные соглашения в бизнесе. Библейская заповедь велит людям говорить друг другу правду, потому что нет жизни вне общества. Самая основа общества, краеугольный камень общения, — это доверие, и "нет общества без доверия, и нет доверия без молчаливого согласия, что мы стремимся быть правдивыми друг с другом."[27]

Правдивость работает на предпринимателя, так как она в высшей степени существенна в социальном плане, а экономическая жизнь насквозь социальна. В основе любого бизнеса лежит обмен, а продолжительный взаимовыгодный обмен невозможен без доверия. Пожалуй, самый серьезный довод в пользу того, что правдивость необходима, состоит в том, что человек не может жить вне общества, и в том, что человек имеет право принимать ответственные решения.[28]

6. Развивать и упражнять совесть как руководство к действию.

Совесть — это тот внутренний голос, который говорит нам, что хорошо, а что плохо, независимо от ежеминутно меняющихся правил и моды. Этот голос позволяет следовать высшему закону по доброй воле, без принуждения. Голос совести может звучать со всей полнотой, и тогда мы ближе к Богу, но бывает, что он звучит надтреснуто, а временами — еле слышно. Московский

экономист Александр Зайченко призывает обратиться к христианским ценностям, ибо только на их основе можно надеяться пробудить в людях совесть, которая послужит предпринимателям в бывшем Советском Союзе нравственным ориентиром в их действиях.

> "Трудную но неотложную работу по утверждению норм деловой честности и добропорядочности (а без них невозможен сам эффективный рынок)... Серьезную ролль могут сыграть церковь и религия. Очень важно уяснить, что не рынок формирует деловую этику, а стойкая общечеловеческая мораль создает этику, которая, в свою очередь, утверждает нормы свободной и честной хозяйственной деятельности. Принятие какого-либо кодекса без усвоения норм общечеловеческой морали даст столько же, сколько и 'кодекс строителя коммунизма'."[29]

Если у человека есть совесть, она заговорит в нем в полный голос, как только он задумает совершить нечестный поступок или скрыть правду, она вступит в бой с мешаниной всяческих порывов, доводов и самооправданий. Будучи судьей тому, что мы говорим и как мы это говорим, совесть служит руководством для тех, кто хочет быть правдивым.

7. Нести ответственность за собственные поступки и высказывания.

Среди кинокартин, привлекших внимание русских зрителей, особо выделяется "Покаяние", поставленный грузинским режиссером Тенгизом Абуладзе фильм-протест против лжи и террора сталинской эпохи — фантасмагорическая аллегория сталинского кошмара. Этот фильм стал флагманом гласности. Андрей Смирнов, русский кинематографист, говорит, что он согласен с Солженицыным насчет того, что

> "без покаяния мы не можем изменить ни себя, ни общества. Мы должны чувствовать ответственность перед своей историей. Кто сделал возможным сталинский террор? Это были мы — наши отцы, — и теперь мы должны расплачиваться за грехи отцов. Но для большинства людей такая мысль невыносима. Они предпочитают винить других. Обвиняют во всем евреев или еще кого-то. Они не хотят принять на себя ответственность."[30]

Громада лжи, накопившейся за все прошедшие годы, и ее влияние на миллионы жизней — это такое наследие, избавиться от которого очень трудно.[31] Сегодня в бывшем Советском Союзе большая часть интеллигенции понимает, что только приняв всей душой необходимость ответственности (идет ли речь об отдельных людях или об обществе в целом), можно получить гарантию того, что ужасы прошлого не повторятся.[32]

8. Быть мудрым, как змея и кротким, как голубь.

В настоящее время переход к рыночной экономике в бывшем Советском Союзе подрывается теми предпринимателями, которые воспользовались нежданной свободой в своих темных целях: они продолжают играть по старым правилам, то есть лгут и изворачиваются. В конечном счете, от этого только хуже и им, и всем остальным. Автору приходилось заниматься бизнесом в бывшем Советском Союзе, и он отчетливо осознает все трудности этого дела в рамках системы, которая не работает и не может работать, не говоря уже о растущей, как на дрожжах, мафии. Социолог Татьяна Заславская объясняет:

"Мафия состоит, во-первых, из коррумпированных правительственных чиновников. Во-вторых, из работников торговли всех уровней, которые передают наворованные деньги по цепочке вверх вплоть до верхних этажей власти. Третья составная часть мафии — милиция, прокуратура, суды, судьи — все правовые учреждения..., купленные работниками торговли. Так что добиться справедливости через суд совершенно невозможно."[33]

По выражению одного российского предпринимателя, "если ты им перечишь, они тебя могут избить или сжечь твой ресторан."[34] В такой враждебной среде правдивость может представляться недостижимым идеалом, совершенно неприменимым в реальной жизни. Высокие нравственные принципы могут показаться непрактичными в атмосфере, где царят хитрость, изворотливость и стремление урвать побольше. Так что же, выживают наиболее приспособленные — и самые подлые? А случайно затесавшийся среди них кроткий простак, цепляющийся за свои наивные представления о честности и порядочности, будет съеден заживо? Но может быть, пройдет третий вариант, который сочетает хитрость и кротость? Этот парадокс содержится в евангельском рассказе, где Иисус призывает своих учеников "быть хитрыми, как змеи, и кроткими, как голуби"[35] Правильное понимание этого изречения может помочь предпринимателю в бывшем Советском Союзе честно заниматься своим делом, успешно преодолевая все рифы и пороги бурной действительности.

Иисус говорит, что можно быть и хитрым, и кротким. Неверно предполагать, что между этими двумя возможностями необходимо сделать выбор. У слушателей Иисуса слово "хитрый" вызывало сугубо отрицательные ассоциации. Так называли ловких и эгоистичеых людей. "Хитрый" — это то самое слово, которым характеризуется в третьей главе книги Бытия змей, обманувший Адама и Еву. Однако заветы Христа вынуждают нас полностью переоценить старые и современные представления о хитрости. Иисус говорит о том, что нужно стремиться к мудрости и проницательности, поскольку в их честной сущности больше ума, чем в хитрости злонамеренных людей. Как это ни удивительно, но Иисус утверждает, что если кто-нибудь хочет быть кротким, он должен быть также хитрым. Если кто-то хочет быть правдивым и не совершать грехов, он должен быть весьма искусен. В сочетании такие качества, как хитрость и безгрешность, усиливают друг друга.[36] Эту мысль иллюстрируют нижеприведенные примеры.

Занимаясь предметом под названием "управление облуживанием", студенты школы бизнеса в Гарварде изучают причины невероятного успеха аме-

риканской компании Сервис Мастер, базирующейся в штате Иллинойс, в пригороде Чикаго. Основатели Сервис Мастера управляют своей корпорацией в христианском духе, руководствуясь следующими четырьмя принципами: "Чтить Бога во всем", "помогать людям полнее выразить заложенное в них", "стремиться к совершенству", "расширять поле деятельности компании с максимальной прибылью"[37] Первые два принципа предполагают заботу о других и кротость, вторые два — говорят о хитрости.

Другая компания, тоже недалеко от Чикаго, основала бизнес по сбору мусора. Сегодня это межнациональная компания Уэйст Менеджмент с годовым доходом более четырех миллиардов долларов, насчитывающая около 40.000 служащих. Почему же Уэйст Менеджмент так процветает, а другие предприятия подобного рода нет? Одним из ключей к успеху была уникальная идея тесного сотрудничества менеджеров с работниками учета, для того, чтобы внедрить порядочность, добросовестность и правдивость в атмосфере всеобщей ответственности. Частые внутренние проверки и подведение итогов в Уэйст Менеджмент способствуют хитрым и одновременно "человечным" решениям, потому что они поощряют быстрый обмен точной информацией. Сохранить лидерство на рынке компании Уэйст Менеджмент помогла также способствующая снижению затрат стратегия повторного использования ресурсов, что дало новые потенциальные рынки для, казалось бы, бесполезного мусора. "Хитрость", ведущая к большим прибылям, и забота о будущем людей, заключающаяся в том, чтобы разумно использовать ресурсы, могут, как мы видим, идти рука об руку.

Опыт компаний Сервис Мастер и Уэйст Менеджмент подтверждает исследования Томаса Питерса и Роберта Уотермана, популяризованные в книге "В поисках совершенства"[38]. Авторы обнаружили две причины успеха ведущих компаний Америки: честная забота этих фирм о людях и сосредоточенность на качестве услуг. Истинной хитрости, чтобы преуспеть, необходима честность. Предприниматели, обладающие смелостью "Быть хитрыми, как змеи, и кроткими, как голуби," могут быть вознаграждены стократ.

Чехословацкий президент Вацлав Гавел считает, что просто заменить одну экономическую систему другой еще не значит полностью излечиться от коммунистической лжи — надо "жить не по лжи"[39] Он понимает, что изначальная огромная ложь, заключенная в коммунизме, порождает все новую и новую ложь. Люди, живущие а атмосфере лжи, теряют нравственные устои; также деморализуется в атмосфере лжи и общество в целом. Кроме того, Гавел понимает, что общество может разрушать индивидуальность и подавлять человеческий дух не только с помощью репрессивного аппарата. Дабы предприниматели не заблуждались и не считали, что сам по себе экономический успех уже обеспечивает подлинную свободу, Гавел предупреждает:

"Формулируя упрощенно, можно сказать, что посттоталитарная система строится на основе, заложеной на стыке между диктатурой и обществом потребления. Разве не правда, что далеко идущая приспособляемость к жизни во лжи и легкое распространение социальной авторитарности и тоталитарности связаны с общей неготовностью людей, ориентированных на потребление, пожертвовать частью своей материальной устроенности ради своей собственной духов-

ной и нравственной честности? С их готовностью отказаться от более высоких ценностей, сталкиваясь с опошляющими соблазнами современной цивилизации? С их незащищенностью перед привлекательностью всеобщего безразличия? И, наконец, разве серость и пустота жизни в посттоталитарной системе не являются лишь карикатурным преувеличением современной жизни вообще? И разве мы, хотя по внешней цивилизованности мы далеко позади, не служим Западу своего рода предупреждением, показывая ему его собственные скрытые тенденции?"[40]

Суть этой цитаты в том, что страны, порвавшие с коммунистическим прошлым, не должны слепо копировать западное стремление к материальным благам. По крайней мере некоторые реформаторы в Восточной Европе и в бывшем Советском Союзе считают, что стремясь, по примеру Запада, к успеху, надо зорко следить, чтобы не попасть в потенциальные ловушки общества потребления. Это хороший знак. К духовному росту стоит стремиться не только с утилитарной целью помочь развитию рыночной экономики, но и ради него самого, дабы избежать "темных сторон массовой культуры Запада — потребительства, материализма, пошлости, разобщенности, бездуховности"[41] Согласно бывшему американскому сенатору Гэри Харту, это очень важный момент, и именно его следует иметь в виду реформаторам и предпринимателям бывшего Советского Союза, так как

"Демократия как форма организации общества сама по себе отнюдь не порождает, ни явно, ни неявно, общества с подлинными ценностями. Одни из первых американских президентов, Джефферсон и Мэдисон, хорошо понимали, что свобода индивидуума заключает в себе свободу поклоняться ложным богам и ложным ценностям. Правительство, избранное большинством голосов, не может гарантировать нравственности общества и не может заставить его принять высокие социальные и моральные ценности.

Но общество, оказывающее максимальный почет материальному успех и считающее богатство главным социальным благом, рано или поздно обречено превратиться в жалкое, морально обанкротившееся общество. В лучших своих проявлениях вторая русская революция несет в себе семена глубокого желания избежать крайностей капиталистических систем. Гавеловское критическое свидетельство более чем десятилетней давности показывает, что простое переключение с социалистической системы на капиталистическую само по себе отнюдь не разрешает всех жизненных проблем."[42]

Гавел — это тот провидческий голос, который нужен, чтобы бороться за нравственный общественный строй. Он призывает народы Восточной Европы и стран СНГ вступить в битву за сохранение верности нравственным принципам и правде в противовес посттоталитарным обществам, нацеленным

на потребление. Кто эти сегодняшние и завтрашние Вацлавы Гавелы бывшего Советского Союза? Русские предприниматели, живущие не по лжи, могут обеспечить не только высокую прибыль и динамичное и в то же время нравственное руководство бизнесом, но и экономическую и политическую стабильность в будущем. И наоборот, ничем не ограниченная экономическая конкуренция под лозунгом "бизнес есть бизнес" в обстановке, где отсутствуют прочные моральные устои, где цель оправдывает средства, может привести только к новым чудовищным страданиям, неравенству и несправедливости.

ПРИМЕЧАНИЯ

[1]Майкл Новак, "Это полушарие свободы: философия Америк" (Вашингтон, округ Колумбия, Американ энтерпрайз институт пресс, 1990), стр. 7

[2]Мартин Перетц, "Призрак великого Ленина", Нью Рипаблик, 203, 110, 5 марта 1990, стр. 18

[3]Новогодняя (1990г.) речь президента Вацлава Гавела, Орбис, 34, весна 1990г., стр.254

[4]Правдоискательство в нашем мире практицизма, может быть, и выглядит как что-то оторванное от действительности. Можно ли на деле следовать неукоснительно формуле англо-саксонского судопроизводства: "правда, вся правда и ничего кроме правды"? "Вся правда" в чем-то может быть и недостижимой для нас, но это не имеет никакого отношения к нашему выбору как поступить — солгать или сказать правду. Нужно уметь рассматривать, сравнивать и оценивать возможные альтернативы при этом выборе. Видеть и понимать, где кончается правда и начинается ложь, — это особое умение, которому надо обучаться, и процесс такого обучения — как, впрочем, и любого другого, проходит порой болезненно и трудно.

[5]Новак, "Полушарие", 27

[6]Крейг Копетас, "Охота на медведей с Политбюро", Нью-Йорк, Саймон и Шустер, 1992, стр. 38. Большинство людей не подозревает, как упорно могут индивидуум или общество сопротивляться переменам. Перемены в странах СНГ требуют от политиков такого сложного маневрирования, что тут и Макиавелли стал бы в тупик. Знаменитый флорентийский политик делает в своих "Беседах" такое наблюдение: "Небольшая группа населения желает свободы, чтобы обрести власть над другими, но большинство тех, кто требует свободы, хотят всего лишь спокойной и безопасной жизни". Однако бывший американский сенатор Гэри Харт предупреждает, что для того, чтобы реформы пошли, необходимо порвать с практикой лжи:

> "Жить не по лжи всегда не просто — как для целой нации, так и для отдельной личности, — и не всегда понятно, как этого достичь. Основа основ — это полностью отбросить ложь и ложные доктрины... Надо понять, что даже небольшой отход от этого непреложного принципа ни к чему хорошему, в конечном счете, не приведет, что за уловки, для какой бы благородной цели их не применяли, приходится потом дорого расплачиваться." (См.: "Россия потрясла мир. Вторая революция и ее влияние на Запад", Нью-Йорк: Харпер Коллинз Паблишерз, 1991, стр.98)

[7]Из дискуссии с русским профессором на советской конференции по торговле в Сиетле, Вашингтон, в ноябре 1991г.

[8]Майкл Уитт, "Потемкинский завод", Тайм, 25 февраля 1989 г., стр. 36

[9]Копетас, "Охота на медведей", стр. 111

[10]Александр Зайченко, "Выйти из тени", Бизнес в СССР, 12, июнь 1990, стр. 40. См. также отрывок из статьи в этой антологии.

[11]Отчеты и материалы компании Джонсон и Джонсон. (Экземпляры можно получить, написав компании по адресу: Джонсон и Джонсон плаза, 1,. Нью Брунсвик, Нью Джерси, 08933)

[12]Корн/Ферри Международная и Колумбийская высшая школа бизнеса, "Отчет о XXI столетии: Новая роль Главного Администратора, Лос Анжелес, Коламбия Бизнес Пресс, 1989, стр.41. Такие лидеры американского бизнеса, как Дэвид Гласс из Уол-Март Комп., Джеймс Берк из Джонсон и Джонсон и Дэвид Кернз, работавший раньше в компании Ксерокс, подчеркивают необходимость личной порядочности и значение моральных ценностей для достижения отличных результатов. Эти люди привержены этике не только в теории, они с успехом применили также такие известные этические принципы, как честность, надежность, верность и справедливость в финансовой сфере и в менеджменте.

[13]Том Питерс, "Преуспевание в хаосе", Нью-Йорк, Харпер энд Роу, 1987, стр. 69

[14]Макс Де Пре, "Лидерство — это искусство", Гарден Сити, Нью-Йорк, Даблдэй, 1989, стр. 32-33

[15]Луис Учителл, "Заключение сделок с русскими на слишком свободном рынке", Интернашионал Геральд Трибюн, Цюрих, 18-19 января 1992, стр. 1

[16]Там же

[17]Мышление по принципу "лишь бы выжить", которое преобладает нынче в бывшем Советском Союзе, формирует эгоцентрическую деловую этику и способствует уверенности в том, что ложь и обман могут быть оправданы. Фактор доверия в сфере бизнеса перестает действовать на всех уровнях. Более того, благодаря всеобщему недовверию сходят на нет непосредственные порывы, энтузиазм и личный риск — ключевые факторы для начинающегося и растущего бизнеса.

[18]Необходимость изменений очевидна, но это труднейшая задача, требующая радикальных решений. Гейл Шихи, которая проанализировала деятельность многих лидеров мирового бизнеса, спрашивает как люди в бывшем Советском Союзе могли бы:

> "После 72 лет приспособления к бесчеловечной тоталитарной системе восстановиться психологически, духовно и физически?... Они чувствовали себя слабыми и беспомощными, у них не было опыта власти над собственной или общей судьбой. Они привыкли к унижениям ежедневной борьбы за существовани. Наиболее образованные из них считали, что система оставила их генетичестки ослабленным." См. "Торбачев: Революция одного человека," Лондон Мандарин Пейпербэкс, 1991, стр. 333

[19]Там же, стр. 337

[20]Вильям Ван дер Беркен, "Реабилитация христианских этических ценностей в советских средствах массовой информации", Религия в коммунисти-

ческих странах. т. 17, весна 1989 г., стр.5.

[21]Новак, "Полушарие", 28. Другой американский экономист Питер Дж. Хилл еще проясняет ситуацию, сообщая что "Капитализм отличается способностью предоставлять свободу выбора, поощрять сотрудничество, обеспечивать точный учет, обогащать большое число людей и ограничивать чрезмерную власть". "Рынок и нравственность", Взгляды Исследовательского центра по политической экономии, 14, январь/февраль 1988, стр. 1. См. также отрывок из этой же статьи в данной антологии.

[22]Новак, "Полушарие", стр. 28-29.

[23]Там же, ст. 31.

[24]Амитай Этциони, "Моральное измерение: к новой экономике", Нью-Йорк, Фри Пресс, 1988, стр. 8

[25]Льюис Смидес, "О правдивости". Лекция, прочитанная на рабочей группе "Триалог: Этика секретности, лжи и цензуры", 19 — 21 марта 1991 г., в Центре прикладной христианской этики, Уитон Колледж.

[26]Там же, стр. 3

[27]Там же, стр. 6

[28]Там же, стр. 7

[29]Зайченко, "Выйти из тени", стр. 40 - 41

[30]Хедрик Смит, "Новые русские", Нью-Йорк, Эйвон Букс, 1991, стр. 121

[31]Сталинизм — вот главное, что пытается побороть в себе эта страна, чтобы вновь обрести свою душу, причем борьба эта глубоко затрагивает личную жизнь почти каждого взрослого человека. Десятки миллионов живущих сегодня людей или добровольно поддерживали сталинизм, или, пусть неохотно, с ним сотрудничали. Больные вопросы, которые встают сегодня, касаются ответственности, вины и стыда.

[32]Ван Дер Беркен, "Реабилитация", стр. 7

[33]Шихи, "Горбачев", стр. 380

[34]Там же, стр. 339

[35]Евангелие от Матфея, 10:16

[36]Пол де Врис, "Укрощение хитрого", Христианство сегодня, 19 марта 1990 г., стр. 14-15

[37]Материалы компании Сервис Мастер

[38]Томас Питерс и Роберт Уотерман, "В поисках совершенства", Нью-Йорк, Харпер Коллинс, 1982

[39]Харт, "Россия", стр. 87

[40]Там же, стр.88

[41]Там же, стр. 88-89

[42]Там же.

Этика выгодных связей

Нил Нильсон

Введение

Человеческая жизнь представляет собой в первую очередь межличностные отношения. Важнейшей частью нашего жизненного опыта является ведение дел с другими людьми. Взаимодействие и взаимозависимость — предсказуемые характеристики человеческого общества. Действительно, почти невозможно представить себе любую достаточно долго длящуюся человеческую ситуацию без отношений взаимозависимости. Эта реальность отношений не является заключением, к которому мы приходим в результате логического рассуждения; мы не начинаем как изолированные личности, находя затем, каким-то образом, путь к общественному бытию. Мы всегда уже находимся в обществе, уже включены в совокупность людей и общественных групп. Именно через эти отношения каждый из нас познает свое собственное чувство самости и идентифицирует себя как личность.

Напротив, зло сегодняшнего отчуждения проявляется в отделении, отстранении от удовлетворяющего наши потребности социального существования. Лекарством от этого отчуждения является восстановление нарушенных отношений и возвращение к основанному на правильных принципах обществу. Взаимозависимость людей в обществе можно рассматривать с разных точек зрения и различными путями: здоровые (или нездоровые) семейные группы, хорошо (или плохо) руководимое рабочее место, духовно объединенная (или разъединенная) церковь.

Таким образом, задачей любого, кто посвящает себя изучению человеческого бытия, является описание путей, которыми люди взаимодействуют между собой и освещение разницы, иногда — едва заметной, иногда же — бросающейся в глаза, между конструктивными и деструктивными отношениями. Это — нелегкая задача. Многие люди, например, находят основание этики в Боге, характер и самооткровение Которого дают четкое основание для построения шкалы моральных ценностей в человеческой жизни. Тонкости межличностных отношений, однако, делают в частных ситуациях различение правильного и неправильного крайне сложным.

Тем не менее, мы живем в "реальном мире" и должны принимать решения, как серьезные так и незначительные, по многу раз в день. Исследуя в этой главе особый тип человеческих отношений мы ставим перед собой

Нил Нильсон получил докторскую степень по философии в университете Вандербильта. В настоящее время он является генеральным директором Менеджмент Партнершип Интернейшнл (МПИ), американского партнера СП Диалог. Доктор Нильсон принимает участие в деятельности советских совместных предприятий с 1987г. В бывшем Советском Союзе МПИ имеет действующие предприятия в области компьютерного программного и аппаратного обеспечения, строительства, недвижимости, медицинских и информационных услуг и лесной, нефтяной и газовой промышленности.

цель рассмотреть предложенные нам примеры и в контексте практических реалий, и, более глубоко, с моральных позиций, данных нам Богом.

Что такое блат или выгодные связи?

Спросите любого русского о блате, и между вами тотчас завяжется оживленная беседа. Что такое блат знают все, причем подавляющее большинство из них узнали это тем или иным образом на собственном опыте. Блат присутствует дома, на работе, в церкви, в правительстве, короче говоря везде, где существуют люди. Это слово стало известно с царских времен, когда немецким рабочим в России были даны особые привилегии покупать недоступные для других товары. Оно означает возможность получить или сделать что-либо, используя свои связи.

Безусловно, и бывший Советский Союз, и дореволюционная Россия обеспечивали вполне подходящие условия для существования такого феномена, как блат. Мой опыт подсказывает, что жители России прекрасно сознают свою взаимозависимость практически на всех уровнях существования. Поскольку товары и услуги не были общедоступны и их явно недоставало, люди, всюду, где это было возможно, завязывали отношения, направленные на то, чтобы скомпенсировать отсутствие "открытого рынка". Это справедливо по отношению и к таким основным продуктам потребления, как пища и одежда, и к таким услугам, как образование и трудоустройство. Нередко для описания неформального, но чрезвычайно активного рынка товаров и услуг, существующих вне официальных государственных источников распределения, используется термин "серый рынок". Часто под этим подразумевается умение находиться в нужном месте в нужное время, а также иметь достаточную информацию об альтернативных путях распределения. Некоторые граждане, благодаря своему положению, богатству или родственным связям, имеют более легкий доступ к этим путям, чем другие; подобное неравенство требует тщательного изучения с этической точки зрения. Реальность, однако, заключается в том, что, так или иначе, личные связи широко и всеобъемлюще характеризуют русское общество на всех его уровнях.

Таким образом, перед нами стоит задача рассмотреть этот реально существующий феномен с позиций этики. Для этого мы исследуем несколько примеров деловых отношений в различных контекстах. Некоторые случаи, несомненно, будут слишком схематичными, другие, возможно, слишком усложненными. Тем не менее, мы надеемся, что эти примеры помогут нам лучше сбалансировать практические, утилитарные заботы с этическими требованиями и стать более вдумчивыми, сознающими свою этическую ответственность людьми.

СЛУЧАИ ДЛЯ ИЗУЧЕНИЯ

СЛУЧАЙ 1. Иван и Таня—супруги. У них двое маленьких детей. Оба они большую часть своего времени проводят на работе, и успевают купить лишь малую часть продуктов, необходимых, чтобы накормить семью. Однако Танин брат, руководитель колхоза под Москвой, обеспечивает их недельным запасом пищи. В свою очередь, они могут "отблагодарить его за услугу" подарками и какими-либо услугами со своей стороны. Является ли подобный путь приобретения продуктов законным?

Опыт общения с государственными и другими официальными организациями привел к тому, что семейная жизнь стала для многих жителей России одним из немногих источников настоящей привязанности и заботы. Тот, кто испытал гостеприимство русской семьи, никогда не забудет этой сердечной, радостной и дружеской атмосферы. Можно с уверенностью сказать, что семья оказалась последним бастионом доверия, близости и межличностных отношений в России, вследствие чего она попала под страшное, все усиливающееся давление.

Конечно родители должны обеспечивать своих детей, и в данном случае мы рассматриваем ситуацию, когда они могут достичь этого с помощью семейных связей. В Америке члены семей работников определенных профессий могут пользоваться возможностями, недоступными для всех. Например, авиакомпании позволяют членам семей своих сотрудников летать, при наличии свободных мест, с существенной скидкой. Однако, для таких привилегий существуют ограничения, налагаемые законом и моралью. Например, будет противозаконно, если американский правительственный чиновник сообщит своему родственнику секретные сведения, могущие повлиять на цену акций, которые этот родственник собирается купить. Иначе говоря, получать прибыль благодаря информации, полученной до того, как она стала общедоступной — незаконно.

Вернемся к Ивану и Тане. В связи с описанной ситуацией мы имеем для рассмотрения следующие этические вопросы:

1. Имеет ли руководитель колхоза законное право на продукты, которые он дает своей сестре? Не крадет ли он их на самом деле? Благодаря чему он имеет возможность так поступать? Кому на самом деле принадлежат эти продукты?

2. Могут ли родственники других работников или руководителей колхоза пользоваться подобными привилегиями? Фундаментальным соображением в вопросах о справедливости, к которым мы еще вернемся, является "равный доступ". Справедливо ли распределены услуги или возможности? Все ли сотрудники организации имеют к ним равный доступ?

3. Секретна ли эта деятельность? Может ли она быть обнародована без негативных последствий? Разумеется, это не решающий критерий, но он может оказать нам помощь в оценке правомерности подобной деятельности.

Ответив на эти вопросы, мы сможем оценить подобную практику с моральных позиций. Например, если мы узнаем, что руководитель тайно откладывает продукты, брать которые он не имеет права, у нас будут все основания полагать, что он поступает аморально. Если, однако, существует широко распространенная практика распределения продуктов, при которой избытки отдаются работникам и их родственникам, тогда, очевидно, наше суждение будет иным. Цель здесь не столько прийти к каким-то конкретным выводам, сколько поднять вопросы, которые помогут нам сделать эти выводы, когда мы будем знать о ситуации больше.

СЛУЧАЙ 2. Борис договаривается с районным руководителем о том, чтобы получить разрешение на изготовление кирпичей из местной глины. Районный руководитель дает ему это разрешение, никого не оповещая и не предоставляя возможности получить подобные разрешения другим заинтересованным лицам.

Многие решения принимаются и в России, да и где угодно, за счет того, что кто-то с кем-то о чем-то договаривается. Человек, желающий купить вещь, которой в данный момент нет на рынке, идет к ее владельцу и договаривается о возможности быть первым покупателем, когда хозяин решит ее продать. Такой договор называется получением опциона на собственность: имея опцион, потенциальный покупатель получает право купить собственность, если и когда она попадет на рынок. Многие соглашения такого рода заключаются в тайне, без предложения опциона всем желающим. Сделки о покупке и продаже компаний подготавливаются с соблюдением строжайшей секретности, причем все стороны берут на себя обязательства соблюдать абсолютную тайну. По мнению большинства людей, нет ничего неправильного или неэтичного в том, что люди совершают свои сделки в тайне.

Вопрос, по моему, касается в этом случае в основном того факта, что в деле участвует правительственный чиновник. Мы можем предположить, что он отвечает за поддержание "общественного блага" в той степени, в которой оно находится в сфере его полномочий. Иначе говоря, его обязанность — обеспечить с максимальной пользой для граждан использование государственной или общественной собственности. Если, как рассматривается в этом случае, собственность, обладающая большой экономической ценностью, подлежит продаже, или если права на ее использование должны быть переданы в новые руки, трудно себе представить, каким образом официальное лицо может должным образом исполнять свои обязанности, не дав возможности принять участие в решении этого вопроса всем заинтересованным сторонам.

В общем, мы могли бы ожидать публичного торга, на котором местный руководитель заявил бы во всеуслышание о том, что права на землю должны быть переданы, после чего предложил бы всем желающим объявить свои условия (определив минимальную сумму денег, которая должна быть уплачена за получение этих прав и, возможно, потребовав соблюдения плана местного развития, нацеленного на максимально эффективное использования местных ресурсов, не ведущее к неблагоприятным экономическим и экологическим последствиям). Такие "публичные аукционы" широко распространены, и их основными этическими параметрами являются доступность информации о сделке и открытый доступ к участию в самом процессе.

Кроме условий доступности информации и свободы доступа, несоблюдение которых делает процесс весьма подозрительным с этической точки зрения, возникает вопрос о том, как именно провел Борис эту сделку. В приведенном примере сказано, что он просто "договорился" с официальным лицом. Ниже мы разберем более подробно пример, специально посвященный влиянию, оказываемому на правительственных чиновников, но сейчас мы должны хотя бы наметить некоторые вопросы, касающиеся таких "договоренностей".

Во-первых, что наиболее серьезно, договоренность может включать в себя взятку или какую-нибудь другую форму материальной стимуляции чиновника. Большинство этически развитых людей будут возражать против этого. Во-вторых, не исключено, что Борис согласился отдавать на строительные нужды местных властей 20 процентов своей продукции. При отсутствии других источников кирпича, местный руководитель мог полагать, что, заключая такую сделку, он выполняет свой долг перед обществом, хотя все равно было бы гораздо лучше дать возможность принять участие в этой

сделке и другим "покупщикам". Возможно, конкурент предложил бы отдавать на местные нужды 30 процентов своей продукции, Борис же мог, кроме того, обязаться предоставить работу большому количеству местных жителей, перестроить устаревшую железнодорожную станцию или обезопасить источник экологической опасности.

В любом случае, и с экономической и с этической точек зрения, имело бы смысл провести процесс выдачи разрешения открыто и публично. Однако, возникает вопрос, как следовало бы поступить в условиях жесткого лимита времени, если бы речь шла не о глине, а о чем-то скоропортящемся — пище, которая скоро протухнет, или обгорелом стоячем лесе, который скоро сгниет? На этот вопрос скорее всего следует ответить, что правительственные чиновники ответственны за принятие решений, обеспечивающих максимально возможное общественное благо, исходя из данных, конкретных условий. Они должны приложить все силы, чтобы гарантировать честный и открытый торг, в котором смогут принять участие все заинтересованные стороны, сохраняющие при этом за собой право обращаться в суд, если этого потребуют обстоятельства. Основой процесса выдачи подобных разрешений в Соединенных Штатах является учреждение специальных процедур для публичного рассмотрения принимаемых решений. Если при подобном рассмотрении выяснится, что Борис и чиновник обманули доверие общества путем умышленного сговора, с тем чтобы воспрепятствовать открытому публичному процессу выдачи разрешения, они оба будут ответственны с точки зрения закона и виновны с точки зрения этики.

СЛУЧАЙ 3. Михаил — директор кирпичной фабрики. Финская фирма заключила с его предприятием контракт о поставке кирпича на строительство отеля. За две недели до того, как кирпич должен был быть доставлен на стройку, друг Михаила, директор небольшой фабрики, попросил его срочно отпустить кирпич ему, так как местное руководство потребовало от него расширить фабрику, чтобы создать новые рабочие места для местного населения. Должен ли Михаил отдать своему другу кирпичи, изначально предназначавшиеся финским строителям?

Этот пример поднимает несколько важных вопросов, заслуживающих пристального внимания. Во-первых, Михаил подписал контракт с финской фирмой. На Западе контракт представляет собой обязательство действовать согласно договоренности, и является, по законам США соглашением, которое практически невозможно нарушить. Суд почти всегда признает виновным того, кто нарушит контракт, добровольно подписанный участвующими сторонами. Вообще говоря, фундамент американского бизнеса покоится на системе законов, управляющей всеми сделками. Эти законы делают возможным ведение бизнеса, ибо они регулируют деятельность таким образом, что это позволяет участникам знать, чего они могут ожидать от тех, с кем ведут дела.

К сожалению, говорить в настоящее время о существовании в России надежной системы законов, подкрепляющих социальные и экономические взаимодействия, значит принимать желаемое за действительное, а не мыслить реально. В основе социальной системы лежат отношения, а не законы и именно эти отношения цементируют общество. Одна из наших московских сотрудниц недавно говорила мне, что не имеет значения, насколько плохо с ней обращаются официальные лица или деловые партнеры, и насколько со-

мнительны их методы. Она чувствует, что не может полностью порвать с ними, потому что не знает, когда ей может понадобиться их помощь. С ее точки зрения, невозможно зависеть от закона или правительственной политики; человек может зависеть только от других людей, и надо быть крайне осторожным, чтобы не сжечь мосты.

Подобная обстановка делает крайне сложным ведение долгосрочных дел с находящимися далеко от вас незнакомыми людьми. В связи с этим необходимо лично знать своих деловых партнеров и тщательно налаживать отношения с ними, ибо действенная система обращения за помощью к закону в случае невыполнения другой стороной взятых на себя обязательств фактически отсутствует. Подобная модель отношений не является полностью негативной. Можно спорить о том, не является ли система законов и правил, характеризующая американское общество, результатом отчуждения. Поскольку межличностные отношения были столь драматически разрушены, а культура стала настолько индивидуалистичной, необходимы формальные законные структуры, чтобы цементировать общество. Так не лучше ли жить в обществе, члены котрго ведут дела "лицом к лицу", без незванного посредничества закона?

Хотя такое решение, на первый взгляд, может показаться привлекательным, ясно, что в лучшем случае оно основывается на недостаточном знании человеческой природы. Не нужно долго находиться в России, чтобы понять, насколько были бы полезны для общества защита и стабильность, обеспечиваемые постоянной и разумной системой законов. Люди всегда остаются людьми, и закон, кроме всего прочего, служит функции ограничения злоупотреблений и эксплуатации.

Возвращаясь к случаю Михаила, давайте предположим, что он знает своего друга много лет. Возможно, что они вели к обоюдной выгоде "совместный бизнес": Михаил не раз поставлял кирпичи и другие материалы для его фабрики, а он, в ответ, снабжал Михаила продуктами, одеждой и другими товарами, необходимыми Михаилу для его работников. В конце концов, в обществе, где деньги, по сути, ничего не значат, реальный рынок — это обмен товарами и услугами. Как руководитель фабрики, Михаил отвечает, возможно, не только за выплату своим работникам зарплаты, но и за обеспечение их пищей, одеждой, жильем, транспортом и образованием. Необходимость в вертикальной интеграции универсальна. И поскольку единственным настоящим капиталом, имеющимся у Михаила, является кирпич, он обменивает его на все остальные необходимые ему товары и услуги. Таким образом, Михаил зависит от своих отношений с теми, кто может поставить ему то, в чем он нуждается.

Итак, его друг просит у него кирпич. Разумеется, Михаил знает, что им подписан контракт с финской фирмой. Контракт абсолютно законен, и Михаил чувствует его силу. Однако, положение директора фабрики требует от Михаила соблюдать интересы своей фабрики и своих работников, и, с его точки зрения, хорошие отношения с другом являются для этого абсолютно необходимыми.

В чем здесь сила закона? Почему Михаил должен уважать кусок бумаги, подписанный им совместно с финном, которого он, скорее всего, больше никогда не увидит, если он знает, что ему придется снова и снова иметь дела со своим другом, директором фабрики? Предположим, что Михаил отдает кир-

пичи своему другу, а через неделю к нему прибегает иностранец, сердито размахивающий контрактом. Михаил запросто может ему сказать: "Моя жизнь зависит от моих друзей; они обеспечивают мое выживание. У меня есть обязательства — моральные обязательства — перед ними, которые превосходят мое моральное обязательство выполнить условия контракта. Я решил отдать кирпичи моему другу." Потрясенный финн уходит, проклиная день и час, когда он решил вести бизнес в таком месте.

Здесь возникает по меньшей мере несколько вопросов. Важно ли иметь возможность вести долгосрочные дела с находящимися далеко от вас и лично вам незнакомыми людьми? Возможно ли это в социальной структуре, основанной не на законе, а на отношениях и личных связях? Каковы обязательства, связанные с подписанием контракта? Связывает ли меня, по закону и с точки зрения морали, моя подпись под контрактом? Какие обстоятельства позволяют мне нарушить контракт? (Большинство контрактов учитывают возможность того, что та или иная сторона может нарушить условия, и, следовательно, оговаривают возможные последствия и компенсации.) Как, по вашему, должен поступить Михаил?

СЛУЧАЙ 4. Через своего русского партнера американец, ведущий бизнес в России, представлен высокопоставленному правительственному чиновнику. Этот чиновник может "способствовать" бизнесу, подписав соответствующие документы, в результате чего партнеры избегут бесконечных проволочек, типичных для начального этапа организации бизнеса. Русский партнер, желая способствовать дальнейшему развитию отношений с "нужным человеком", убеждает американца принять чиновника, его жену и сопровождающих его лиц во время их поездки по Соединенным Штатам. Ясно, что целью этого визита будет получение со стороны ответственного чиновника благоприятного ответа на совместные американо-русские деловые предложения. Является ли подобная деятельность этически допустимой?

В Соединенных Штатах избиратели часто обращаются к членам Конгресса с просьбой поддержать какой-либо законопроект, или хотя бы воздержаться от голосования против. Эта практика обычно называется лоббированием, и осуществляется различными способами. В некоторых случаях, бизнесмен делает вклад в избирательный фонд выборного лица, то есть дает деньги, которые будут использованы для того, чтобы помочь ему добиться переизбрания. Эта деятельность регулируется достаточно жесткими законами, ограничивающими виды и размеры разрешенных подарков.

В других случаях, люди пытаются оказать личное или обусловленное их положением влияние, опираясь на свою репутацию или власть, причем нередко делают это весьма тонким образом. Так, они могут представлять членов большого профсоюза, например строительных рабочих, или политически активной добровольной ассоциации, вроде защитников окружающей среды. Такие люди могут напоминать выборным чиновникам, что члены их групп являются избирателями и спонсорами избирательной компании, и что они наблюдают за действиями и решениями выборных лиц, чтобы прийти к выводу, кого им следует поддерживать на следующих выборах.

Эти лоббисты могут добиваться гласности для своего "дела", надеясь создать впечатление всенародной поддержки их проекта или вопроса, и убеждая чиновников обратить на это внимание. Некоторые предприниматели и руководители компаний тратят большие суммы денег на оплату труда профессиональных "лоббистов", т.е. особых консультантов, чья роль заключается в том, чтобы вращаться среди членов правительства и убеждать чиновников голосовать в пользу тех, кто их нанял. Эти лоббисты приглашают правительственных чиновников на обеды, проводят долгие часы в ожидании встречи с ними и без устали оказывают на них давление, пытаясь обеспечить поддержку проектов и интересов своего клиента.

Хотя и существуют многочисленные законы, регулирующие эту деятельность, например, закон запрещающий открытую выплату денег или дачу взяток правительственными чиновникам, в общем, практика, описанная выше, считается законной и морально приемлемой. В сознании большинства американцев, законодатели являются политическим исполнителями, в конечном итоге занимающими свой пост для того, чтобы исполнять "волю народа", и нет ничего зазорного в том чтобы пытаться объясниться им, в чем, по нашему, состоит эта воля. Компании, с которыми я сотрудничал, годами нанимали лоббистов, пытаясь добиться, чтобы их интересы были непредубежденно рассмотрены в Вашингтоне. Во многих случаях, правительственные чиновники не владеют необходимой информацией или необходимыми знаниями, чтобы принимать решения по сложным вопросам, и лоббисты могут разъяснять им детали данной проблемы — разумеется, всегда таким образом, чтобы это способствовало продвижению дела их клиента. Лоббисты, представляющие противоположные интересы, могут, кроме того, дать возможность человеку, принимающему решения, рассмотреть данный вопрос с обеих сторон.

Как же мы должны подходить к вопросу, который поставлен в нашем примере, имея подобный опыт практики политического влияния в Соединенных Штатах? Как и в любом другом случае, здесь могут существовать смягчающие обстоятельства, о которых мы ничего не знаем и которые могли бы подействовать на наше мнение. Однако в данных конкретных условиях, мы можем утверждать, что это совершенно законная деятельность — пытаться убедить русских официальных лиц "оказать благоволение" нашему проекту. Как бизнесмен, я могу показать, что мое предложение приносит пользу не только мне, но и идет на пользу местной экономике. Я могу показать, что в моем проекте заложены возможности, которые приведут к построению экономического потенциала региона. Я могу привести других западных партнеров, которые захотят вложить деньги, если увидят успех моего проекта. Все это — правильные предположения, которые правительственные чиновники могут принимать в расчет при принятии решений. Если у меня есть возможность провести неделю с чиновником, от которого зависит окончательное решение вопроса, принимая его в моем собственном окружении, где он лично сможет наблюдать за моими действиями, и более детально понять, как я веду бизнес, я имею все законные основания сделать это.

Но что, если в глазах других русских конкретный чиновник, на которого я пытаюсь оказать воздействие, кажется подозрительным или из-за его политических взглядов, или благодаря его этической репутации? Очевидно, это усложнит вопрос. Я говорил с русскими, которые утверждают, что все правительственные чиновники являются подозрительными типами, так как в про-

тивном случае они не оказались бы на своем посту. Некоторые американцы с этим согласны.

Один русский бизнесмен, с которым я беседовал, разделил всех русских деловых людей на две группы. Первая группа связана с правительством, в том числе и с чиновниками, занимавшими свои посты еще до эпохи гласности. Подобные дельцы извлекают пользу из своих связей, чтобы получить особые преимущества и быстро организовать бизнес (точные слова моего собеседника были: "крадя у людей"). Вторая группа состоит из обычных людей, преуспевание которых зависит от их собственных талантов и инициативы. (Русская бизнес-консультант, желавшая, чтобы я ее нанял, дала себе следующую характеристику : "Вы можете мне доверять — я никого не знаю и ничего не смогу для вас сделать".) Это, по моему мнению, слишком упрощенное представление о русских предпринимателях, и мой опыт подсказывает, что русские распределены по этическому континууму точно так же, как и жители любой другой страны.

Как бизнесмен, в Соединенных Штатах я буду пытаться получить поддержку своих интересов даже со стороны тех правительственных чиновников, чьи политические взгляды весьма расходятся с моими, или чья частная жизнь подозрительна с точки зрения морали. Конечно, всегда требуется моральное оценка. Если у меня есть основания полагать, что моя связь с правительственным чиновником способствует вредной ситуации или деятельности я должен ее прекратить. Если я опасаюсь, что моя связь с чиновником повредит моей репутации, я должен быть очень осторожен.

Возможно, что позиция русских, утверждающих, будто любая связь с правительством была предосудительна, обусловлена многочисленными свидетельствами того, что подобные связи приносили больше вреда чем пользы, или приводя к особым отрицательным последствиям, или помогая поддерживать основанную на злоупотреблениях политическую систему, падению которой надо было не только не препятствовать, но и способствовать. Вопрос о том, можно ли иметь дело с правительственной системой, которая принесла так много гнета и страданий, является сложным моральным вопросом и заслуживает большего внимания, чем ему может быть уделено в этом обсуждении.

Рассмотрим еще две проблемы. Первая из них касается компании, снимающей здание в Москве, и желающей сдать его другой компании в субаренду. Закон о собственности утверждает, что (официально) такая субаренда законна. Тем не менее, никакой формальной, общепринятой процедуры на этот счет нет. Обычно, городские власти выдают разрешения на субаренду отдельно в каждом конкретном случае, причем делают это, в определенном смысле, на произвольной основе, и нужно пройти через длительный и сложный процесс, чтобы получить подобное разрешение. При отсутствии адекватных и надежных процедур получения разрешения, искать соглашения с представителем городских властей придется, скорее всего, на достаточно неформальной основе. Естественно, платить ему или делать подарки неэтично, но наверняка можно найти какие-либо этически приемлемые способы, например оказание помощи городу. Сделанный на виду у всех подарок городу не являясь взяткой, будет, однако, соответствовать интересам чиновника, так как покажет в выгодном свете его способность помочь городу. Вторая проблема заключается в следующем. Одной из особенностей положения в Америке,

благодаря которой можно выделить эти вопросы, является различие между государственным и частным секторами. Хотя правительственных чиновников могут пытаться убеждать, вынуждать, а иногда даже запугивать, чтобы они приняли то или иное решение, существует базовое представление, поддерживаемое законом и общественным мнением, что они не должны иметь финансовой заинтересованности в проекте, к которому так или иначе могут относиться принимаемые ими решения. Правительственные чиновники являются, как мы говорим, слугами народа, которые обязаны действовать в интересах общего блага и стоять на его защите. Прямая экономическая заинтересованность в коммерческой деятельности, успех которой, в определенном смысле, находится в их руках — осуждается всем обществом как незаконный и неэтичный.

В России этого различия еще не существует. Правительственные министерства являются коммерческими партнерами в созданных для получения прибыли совместных предприятиях. Местные райсоветы передают землю и здания в качестве капитала для проектов, связанных с развитием торговли недвижимостью, от которых они получают персональную выгоду. Среди наших собственных партнеров в России имеются спонсируемые правительством учреждения. Хотя отсутствие различия между государственным и частным не означает автоматически, что неэтичная деятельность будет иметь место, это вполне вероятно, особенно в России, где столь большой процент экономического капитала находится под контролем правительственных и квазиправительственных организаций. Ясно, что одновременно с движением России по направлению к рыночной экономике различие между государственным и частным будет постепенно увеличиваться, и поэтому нам следует внимательно следить за этической стороной этого процесса.

СЛУЧАЙ 5. Маленькая группа христиан хочет основать в сибирском городке новую церковь. Они решили собственными силами, на свои деньги, выстроить небольшое церковное здания и начать богослужения. Местные власти выдвигают множество возражений и, фактически, пытаются препятствовать образованию новой церкви, задерживая выдачу разрешения на строительство. Один верующий, лично знакомый с высокопоставленным государственным чиновником, идет к нему, чтобы частным образом попросить о разрешении на постройку церкви. Он приносит с собой небольшой конверт, в котором лежат пятьсот долларов, являющихся частью суммы, полученной этими верующими от желающей помочь им американской христианской группы и предназначенной для их поддержки. Во время беседы он кладет конверт с долларами на стол чиновника. В последствии, чиновник дает разрешение на строительство, после чего не предпринимает никаких действий ни в поддержку, ни в противодействие группе верующих. Законно ли это?

Многие русские рассматривают блат, включая дачу и получение благосклонности и подарков, как нормальную сторону жизни. При отсутствии установленных процедур для регистраций, разрешений и одобрений, единственным средством добиться чего-то является "играть как все". В рассмотренном случае даже христиане, которые, как мы можем предположить, утверждают библейскую этику и библейский образ жизни, участвуют, тем не менее, в системе "выгодных связей". Они добиваются своей добропорядочной

цели — основания новой церкви — используя свои личные контакты, а затем "подмазывают" нужного человека наличными, то есть дают ему взятку.

Этот случай поднимает фундаментальный этический вопрос: "Оправдывает ли цель средства?" Цель подразумевается хорошая — моральное и духовное благо, так как имеется огромная нужда в церквях, в которых христиане могли бы встречаться для поклонения Богу и совместного обучения. Многие американские христианские организации поддерживают эту деятельность людьми, деньгами и молитвами. Но законно ли давать взятку в качестве средства для достижения цели? Не существует ли этических границ действиям, которые могут быть предприняты ради достижения желаемой цели? Большинство американцев возразит против выплаты наличных, заявляя что деятельность по организации церквей должна проводиться в рамках закона и без каких бы то ни было нарушений этики.

В ответ на это, русские вполне могут сказать, что американцам легко критиковать такое поведение, потому что Америка имеет продолжительные традиции свободы совести и свободы религиозной деятельности. Лишь немногие американцы понимают жизненные реалии при репрессивном антирелигиозном режиме, который вынудил некоторых христиан действовать не вполне этически благовидными методами. В России, по крайней мере до недавнего времени, многие христиане чувствовали, что у них нет иного выбора, кроме как жить в "серых" областях. Часто русские верующие склоняются перед фактом, что они живут в окружении, чреватом моральной двусмысленностью. Разумеется, они будут надеяться и молиться о том времени, когда такая этически сомнительная практика перестанет быть необходимой. Но до тех пор некоторые из них чувствуют себя в праве добиваться своих целей, используя все средства, имеющиеся в их распоряжении.

Этические дилеммы часто ставят нас перед необходимостью выбора между или среди нескольких этических принципов, которые мы утверждаем. Если ситуация требует, чтобы я солгал ради спасения жизни друга, я должен так или иначе выбрать один из двух этических императивов: сказать правду, или спасти невинную жизнь. В качестве примера можно рассмотреть случай голландской христианки Корри тен Бум, которая столкнулась с этой дилеммой в своей деятельности по спасению беззащитных евреев от уничтожения нацистами. Ясно, что в некоторых случаях мы можем не видеть альтернативы нарушению одной этической нормы ради повиновения другой. Сибирские христиане могут воспринимать свои попытки получить разрешение на строительство церкви именно в этом свете. Некоторые люди могут доказывать, что библейскому императиву поклоняться Богу и воспитывать учеников необходимо повиноваться, даже если при этом будет нарушен императив честности.

У меня нет намерения как в этом, так и в любом другом разобранном случае давать определенный ответ на поднятые этические вопросы. Я попытался сформулировать и обсудить эти случаи таким образом, чтобы это могло осветить возникающие этические проблемы. При разборе многих конкретных ситуаций нам, по сути, неизвестно до конца, какие моральные вопросы поставлены при этом на карту, и очень важно обрести деликатность по отношению к подобным вопросам, которыми полна наша жизнь. В то же время, эта деликатность не должна заслонять от нас того неоспоримого факта, что некоторые формы поведения, как, например, взятки, явно непра-

вильны. Суть в том, чтобы вести себя правильно, причем для того, чтобы осуществлять моральные суждения о том, как должно действовать, нам необходимо ясно видеть эти проблемы. Я верю, что благодаря нашему обсуждению этих вопросов, нам удалось осветить их этические аспекты, в результате чего наша способность действовать в рамках этических норм увеличилась.

Заключительные размышления

В заключение, я хочу кратко коснуться некоторых вопросов:

1. Когда русские и американцы пытаются обсуждать моральные проблемы, им становится ясно, что с многих точек зрения они являются представителями неодинаковых миров, испытывающими неодинаковые воздействия, действующими в системах неодинаковых законов и политических структур и неизбежно формирующими неодинаковые системы приоритетов. Тем не менее, между русскими и американцами вполне возможны обсуждения, касающиеся вопросов этики. Разумеется, этические представления каждой стороны будут отмечены печатью национальной культуры, хотя, в то же время, можно достичь того, что принято называть "слиянием культурных горизонтов", то есть общих корней, унаследованных разделенным человечеством. Наряду с этим и русские и американские верующие, будучи христианами, признают авторитет Божьего Слова, Библии. Ясно, что формы интерпретации Библии будут иметь определенные культуральные различия, однако, несмотря на это, русские и американские верующие могут обсуждать Писание между собой, совместно его исследовать, и, в конце концов, прийти к общим представлениям о его значении и тех требованиях, которое оно предъявляет к их жизням. Таким образом, хотя общественные и деловые отношения имеют выраженные культуральные различия, русские и американцы могут совместно пролить свет на этические аспекты этой проблемы, подходя к ее изучению с этических позиций и основываясь на ее библейском понимании.

2. Несколько раз мы обсуждали вопросы справедливости, исходя из равных возможностей получения информации и участия в соответствующих процессах. Хотя в реальной жизни полное равенство, скорее всего, никогда не будет достигнуто, оно, тем не менее, является той целью, к которой следует стремиться и тем критерием, по которому следует оценивать степень этической зрелости общества.

3. Мы уже упоминали, что многие виды деятельности, определяющиеся возможностями личного влияния или "проталкивания", регулируются в Америке специальными законами. Все они, в принципе, являются объектом тщательного публичного рассмотрения, которое может выявить применение каких бы то ни было незаконных методов. На самом деле, альтернативы развитию в России системы законов (в том числе законов, управляющих "государственным" — в отличие от "частного" — сектором) для регулирования этой деятельности нет. Хотя законы не делают поведение людей более этичным, они образуют структуру, которая наказывает нечестное и несправедливое поведение, поощряя, в то же время, "игру по правилам".

4. Наконец, мы подняли вопрос о цели, оправдывающей средства. Хотя могут возникнуть ситуации, в которых мы, под давлением обстоятельств, будем чувствовать себя вынужденными делать небезупречный с этической точки зрения выбор, мы должны знать, что такой выбор всегда является нежелательным, и что нам следует прилагать все усилия, чтобы в любом случае

повиноваться этическим и библейским императивам. Мы — порождения собственных привычек. Поэтому, если мы разрешаем себе хоть однажды, даже с самыми лучшими намерениями, отступить от этических принципов, в следующий раз подобное отступление произойдет проще и легче. Наш долг в этом отношении — тщательно оберегать свои этические принципы.

Пусть рассмотренные примеры окажутся для нас полезными и помогут нам стать этически более развитыми людьми. Пусть, по милости Божьей, наши жизни станут безгрешными и цельными, чтобы мы могли светить другим людям, которые будут видеть творимые нами добрые дела и славить нашего небесного Отца.

Этика принятия решений

Джеймс Карр

Введение

На волне нынешних перемен в мире, особенно тех, что охватили бывший Советский Союз, возникло растущее осознание потребности в моделях такого принятия решений в системе рыночной экономики, которое имело бы под собой этическую основу. Письменные деловые контракты и устные договоренности, составляющие фундамент свободного предпринимательства, неизбежно связаны с этическими проблемами, поскольку в основе всех этих соглашений лежит взаимное доверие заключающих их сторон. Одним из инструментов, облегчающих движение к рыночной экономике, может стать утилитаристская модель принятия решений, проинтерпретированная в контексте моральных и религиозных ценностей.

В число предпосылок развития свободного предпринимательства в государствах, на которые распался Советский Союз, должны войти четко определенные права частной собственности, непротиворечивая и хорошо разработанная система законов, конвертируемая валюта, ценообразование, основанное на рыночном спросе и предложении, и справедливая система налогообложения, в достаточной степени финансирующая общественные потребности. Особую важность для них будут представлять последовательно и логично проводящиеся в жизнь законы, постановления и инструкции.[1]

Контракты

В бизнесе участвуют отдельные люди и организации, которые взаимодействуют друг с другом ради достижения тех или иных общих целей и таким образом производят готовые к продаже продукты или услуги. Сердцем каждой деловой сделки является контракт, иначе говоря, взаимообязывающее соглашение между производителем этих товаров или услуг (продавцом) и тем, кто их приобретает (покупателем). В основе любого контракта лежит предположение, что стороны, заключившие контракт, в точности выполнят вытекающие из него обязательства. Любые иные действия участников не только привели бы к аннулированию контракта, но и породили бы между ними взаимное недоверие.

Для сегодняшней крайне усложненной и высококонкурентной деловой среды характерно существование бесконечного множества предпринима-

Джим Карр получил магистерские степени по административному управлению и религиоведению в Йельском университете. В настоящий момент является исполнительным вице-президентом журнала "Продюс Рипортер", издающегося в Уитоне, штат Иллинойс. Занимался международными и сельскохозяйственными займами в Харрис Бэнк, а также преподавал в Колледж оф ДюПэйдж менеджмент и деловую этику и в Уитон Колледж — банковское дело и международные финансы.

тельских групп, заботящихся о своих собственных интересах и отличающихся друг от друга своими целями, способами действий и культурными особенностями. Но все эти международные корпорации и группы объединяет способность функционировать в рамках всемирного рынка "на базе сложнейшей системы взаимообязывающих соглашений."[2] Такие соглашения бывают двух видов: документированные и недокументированные, причем из них только первые подлежат юридической защите.[3]

Помимо юридической защиты, существует и иной, этический механизм охраны и соблюдения контрактов. Однако цели и результаты обращения к закону или этике могут и не совпасть друг с другом. Например, в Соединенных Штатах существует прекрасно разработанная система права, применение которой подкреплено многими тысячами судебных решений. Рассмотрим теперь гипотетический пример химической компании, загрязняющей отходами производства близлежащее озеро, снабжающее окрестных жителей питьевой водой. Вместо того, чтобы оплатить расходы по очистке озера, фирма предпочитает потратить значительную сумму денег на судебный процесс, в результате которого она надеется избежать этих расходов. Если суд решит дело в пользу компании, то с нее будет снята всякая ответственность за загрязнение водоема. Будучи юридически корректным, такое решение тем не менее было бы этически порочным, поскольку единственным морально ответственным образом действий фирмы было бы участие в очистке озера.

Моральный закон поведения

В число этических мотивов, побуждающих участников контракта выполнять вытекающие из него обязательства, входят такие факторы, как нравственный закон поведения, стремление не допустить ухудшения собственной репутации и личная честность. Как отмечает философ Артур Холмс, из того, что "люди... живут в общем для всех них мире, совместно действуют и имеют общие потребности,... вытекает исключительная важность нравственных ценностей как разумных ориентиров благополучной жизни."[4] Все мы хотели бы жить в таком мире, обитатели которого действовали бы на базе четко определенного набора этических принципов, включающего такие ценности, как непричинение вреда себе подобным, уважение чужих прав, правдивость, справедливость, законопослушание, верность своим обещаниям и обязательствам.[5]

В основе христианского понимания допустимого и достойного кодекса поведения лежат Десять Заповедей, включающие такие заповеди, как не убивай, не кради, не произноси ложного свидетельства на ближнего твоего. Говоря попросту, христианин знает, что ответом на вопрос "Чего требует от тебя Господь?" является "действовать справедливо, любить дела милосердия и смиренномудренно ходить перед Богом твоим."[6]

Доверие и понимание крайне важны во всем, что связано со взаимными обязательствами. В Новом Завете Иисус рассказывает притчу о царе, одолжившем на основе соглашения деньги своему слуге. Когда царь предложил слуге вернуть долг, тот воззвал к его милосердию, ссылаясь на свою неспособность выплатить деньги. Царь внял этим мольбам и простил слуге его долг. После этого тот же слуга встретился с другим человеком, который сам был должен ему деньги. Этот должник стал просить своего заимодавца войти в его обстоятельства, не позволяющие ему отдать долг, то-есть сделать то, о

чем последний сам просил своего повелителя. Однако слуга, в противоположность царю, не снизошел к мольбам своего должника и отправил его в тюрьму. Когда царь узнал о случившемся, он вызвал к себе слугу и бросил его в темницу. Хотя соглашение между царем и его слугой предписывало выплату долга, царь поверил словам слуги и простил ему долг.

Возьмем теперь пример из современности: пусть некий Григорий хочет продать свой подержанный автомобиль своему приятелю Алексею. Григорий знает, что из двигателя его машины течет масло и что ремонт обойдется в изрядную сумму. Алексей знаком с Григорием несколько лет и привык доверять ему, к тому же он остро нуждается в автомобиле. Он спрашивает своего приятеля, нет ли в его машине каких-либо неисправностей. Григорий встает перед моральной дилеммой: честный ответ может привести к расстройству сделки, а обман разрушит то созданное годами дружеских отношений доверие, которое питает к нему Алексей. Если Григорий в своем поведении исходит из общепринятых норм этики, он не обманет своего партнера и поэтому не поставит под удар это доверие.

Но если имеются противоречащие друг другу стандарты морали, какой же из них должен браться за основу суждений об этичности или неэтичности человеческих решений и кто будет судьей? Десять Заповедей предлагают универсальный кодекс поведения, из которого вытекает, что Григорий должен поступать честно независимо от того, в какой стране он проживает и к какой культуре принадлежит.

Репутация

Одна из причин, по которым участники контракта относятся с уважением к своим обязательствам, состоит в том, что для них сохранение хорошей репутации оказывается куда важнее любых краткосрочных преимуществ, вытекающих из несоблюдения заключенного соглашения. Возьмем гипотетический случай. Иван назначен директором по международному маркетингу большого лесообрабатывающего предприятия. Раньше как планы выпуска готовой продукции, так и размеры гарантированной оплаты ее поставок устанавливались государственными органами. Однако недавно предприятие было приватизировано и теперь оно само отвечает за продажу и маркетинг своих продуктов. Ивану известно, что одна западная фирма заинтересована в размещении в России большого заказа и сейчас изучает возможности нескольких потенциальных поставщиков. Он пытается убедить руководство своего предприятия снизить цены на продукцию ради получения контракта, однако успеха не добивается. Тогда он прибегает к другой тактике — дает распоряжение отделу сбыта сообщить западной фирме, что его компания планирует повысить цены на свою продукцию и что покупателям лучше поторопиться с заключением контракта. Иван прекрасно знает, что руководство его компании не планирует никакого повышения цен, но приказывает отделу сбыта не делиться этой информацией с потенциальными клиентами.

Получение западного заказа вне всякого сомнения было бы в высшей степени выгодно как самому Ивану, так и его предприятию. Но какими могли бы оказаться долговременные последствия этой сделки, если бы в конце концов покупатель обнаружил, что все разговоры о предстоящем повышении цен были лишь способом добиться контракта и ничем иным? Если бы правда выплыла на поверхность еще до момента продажи древесины, первоначаль-

ный контракт был бы как минимум аннулирован. Кроме того, не осталось бы практически никаких шансов на любые будущие сделки с этой фирмой, что серьезно уменьшило бы ценность Ивана для его собственных работодателей. Реальные интересы как самого Ивана, так и его компании состоят как раз в обратном — в честных переговорах с западной фирмой, поскольку без доверия к партнеру и уверенности в его надежности невозможны устойчивые коммерческие связи, столь ценимые в деловом мире. На деле честность и прямота не только помогают сохранить совесть незапятнанной, но вполне разумны и с чисто экономической точки зрения. Даже если Иван говорит правду в интересах своего экономического благостостояния, он тем не менее поступает правильно и с точки зрения этики.

Принцип справедливости

В Новом Завете Иисус учит нас: "во всем, как хотите, чтобы с вами поступали люди, так поступайте и вы с ними". Чтобы эта библейская концепция справедливого поведения могла работать на деле, людям надо уважать как себя, так и других. Этот принцип применим к обеим сторонам в контракте — как к продавцу, так и к покупателю. Вспомним пример с Григорием, желающим продать свою машину. Очевидно, что Алексей, ожидающий от своего друга честного поведения, строит свои ожидания от сделки на своем доверии к продавцу. Если бы тот не упомянул об утечке масла, Алексей впоследствии счел бы себя обманутым. С другой стороны, Григорий смотрит на все это дело с другой колокольни: он хочет продать свой автомобиль и в то же время знает о нем нечто, что может расстроить сделку. В зависимости от своих представлений о честной игре, Григорий может не злоупотребить доверием Алексея, но может и обмануть его.

Короче говоря, личная этика побуждает людей к выполнению взятых на себя обязательств. Просвещенный личный интерес работает именно потому, что в каждом контракте скрыто содержатся этические ограничители и противовесы: это общепринятые нормы поведения, опасения за возможную потерю репутации (а со временем и денег) и принцип справедливости.

Требования к контрактам

Действие контракта обеспечивается прежде всего наличием трех вещей: связи, информации и доверия. Покупатель и продавец зачастую не обладают возможностью личного общения, обмениваясь информацией с помощью переписки, телефона, телефакса или телекса, либо действуя через посредников. Все участники сделки должны иметь доступ ко всей относящейся к ней информации. Для успеха любого делового соглашения чрезвычайно существенна доступность для всех его контрагентов любых фактических данных, включая и цены.

Рассмотрим следующий пример, иллюстрирующий торговлю фруктами и овощами в Северной Америке. Допустим, в шесть часов утра торговый представитель Брайан уже сидит за своим рабочим столом в калифорнийском городе Салинас в ожидании телефонных звонков от различных фирм из западной части Соединенных Штатов и Канады, заинтересованных в покупке салата-латука. Звонит телефон, Брайан снимает трубку и принимает заказ от нового клиента, с которым ему еще не приходилось иметь дела. Андре, его абонент, звонит из Монреаля, столицы канадской провинции Квебек. Это

крупный закупщик свежих овощей и фруктов, желающий получить три автофургона салата, которые должны прибыть к началу большой праздничной рекламной кампании.

Брайан принимает заказ и обещает перезвонить своему клиенту после проверки его платежеспособности. После этого он звонит в обслуживающее его фирму агентство по проверке кредитоспособности, располагающее информацией о компании Андре, включая ее финансовое положение и степень ее аккуратности в оплате счетов. Получив заверения в том, что сделка с Андре вполне оправдана с точки зрения делового риска, Брайан звонит ему в Монреаль и назначает определенную цену. Тем временем канадская фирма успевает проверить цены на салат у других поставщиков; кроме этого она обращается в то же финансовое агентство, наводя там справки о кредитоспособности компании Брайана. Теперь покупатель и продавец взаимно уверены в деловой надежности друг друга и в состоянии договориться о цене на поставляемый товар. Согласно их договоренности, Андре обязан произвести оплату товара в течение тридцати суток со дня отправки. Хотя ни один из участников сделки не подписал ни одного документа, устное соглашение между ними тем не менее вступает в силу.

Брайан отдает все необходимые распоряжения, и четырьмя днями позже заказанная партия салата прибывает в Монреаль. После разгрузки Андре обнаруживает, что часть овощей попорчена. Он сразу же звонит Брайну, чтобы известить того о возникшем осложнении. После этого Андре обращается в государственную санитарную инспекцию и получает от нее официальное заключение о порче продукта. Затем он посылает это заключение по телефаксу Брайану, который в телефонной беседе соглашается компенсировать Андре его потери.

Этот пример иллюстрирует важные элементы недокументированного контракта: хорошая связь (телефон и телефакс), доступность рыночной информации (включая цены на товар и кредитоспособность участников сделки) и взаимное доверие. Доверие в данном случае оказывается самым важным ингредиентом этой триады, поскольку без него соглашение с самого начала не могло бы состояться.

Если рассмотреть этот же пример в несколько иной перспективе, можно прийти к выводу, что подобная ситуация допускает три возможных исхода:

1. Ни одна из сторон не доверяет другой — контракт между ними невозможен

2. Одна из сторон доверяет другой, а другая нет — заключить контракт по-прежнему не удастся

3. Обе стороны доверяют друг другу — контракт заключается.

Итак, только третья возможность, характеризуемая взаимным доверием сторон, приводит к заключению контракта. В этом случае выигрывают обе стороны — такая ситуация называется "взаимовыигрышной" моделью бизнеса.

Мотивы заключения деловых контрактов

По мнению Бернарда Рейли и Мирослава Кия, "теория бизнеса — это теория личного интереса" — здесь имеется в виду то, что бизнес стремится "к эффективным действиям и максимизации прибыли, побуждая каждого отдельного предпринимателя или фирму действовать исключительно в своих

собственных интересах."[7] В рыночной экономике обогащение часто рассматривается как важнейшая цель человеческих усилий. Напротив, Адам Смит утверждал, что материальные интересы являются всего лишь "одним из путей к добропорядочной жизни, высшим проявлением которой служит совершенство человеческих чувств."[8] Поэтому, хотя само по себе достижение или приобретение богатства и способно стать для кого-то совершенно естественной целью, следует отметить, что личное состояние может быть благом и для общества, если в основе его получения лежат достойным образом мотивированные человеческие действия. Например, умножение богатства может привести к созданию новых рабочих мест и появлению дополнительных источников налогов, которые можно направить на финансирование образования, дорожного строительства, парков и других общественных потребностей.

Верно, конечно, что никакой рынок не сможет существовать долго, если одни его участники приобретают богатство за счет других, беднеющих в итоге своих рыночных операций. Предприниматели и предприятия не станут по собственной воле долгое время конкурировать друг с другом, если они знают, что в итоге этой конкуренции процветание придет лишь к немногим, уделом же большинства будут неудачи.

Модели принятия решений

Рейли и Кий указывают, что "принципы максимизации прибыли могут, хотя это и не обязательно, приводить к общественно полезным результатам."[9] Было бы нереалистично предполагать, что деловые решения принимаются прежде всего на базе соображений общественного блага — бизнес прежде всего заинтересован в собственной выгоде. Но этика (в том смысле, который придается этому понятию концепцией группового принятия деловых решений) все же продолжает оставаться наилучшим арбитром или "невидимой рукой" (если использовать известное выражение Адама Смита) деловой активности, удерживающей его на правильном пути. Итак, мы вновь видим, что рациональный экономический личный интерес в долговременной перспективе предписывает соблюдение определенных этических норм, например, правдивости.

Утилитаризм

Общество без основополагающих этических ценностей "вынуждено полагаться на закон как на своего защитника".[10] Однако если общество не располагает всеобщим кодексом поведения, его системе законов может не хватать логической определенности и согласованности — в этом случае отдельные люди и группы, принимающие те или иные решения, могут не видеть никакого смысла в соблюдении законов, не покоящихся на общепринятом этическом фундаменте.

Деловые решения часто принимаются на основе критерия доставления наибольшему числу людей наибольших благ. Английский философ и экономист середины прошлого столетия Джон Стюарт Милль, чьи взгляды были очень близки этой утилитаристской теории принятия решений, писал, что "действия справедливы в той мере, в какой они способствуют достижению счастья, и настолько достойны осуждения, насколько они приводят к обратным результатам."[11] Поэтому моральным долгом тех, кто отвечает за приня-

тие решений, является выбор таких действий, которые кажутся приносящими максимальное удовлетворение наибольшему числу людей.

В экономике подобный процесс принятия решения называется анализом "издержек и приобретений" — имеется в виду, что оцениваются все сильные и слабые стороны предлагаемых способов действий, в результате чего выбирается именно тот, который удовлетворяет большинству оценочных критериев. У такого процесса принятия решений есть немало преимуществ: все решения могут быть сведены к учету затрат и прибылей в их денежном выражении — он понятен буквально каждому — и, наконец, нет оснований усомниться в его адекватности.

Возьмем такой пример: пусть Александр работает где-то в России директором большого автосборочного завода, бамперы для которого уже давно поставляет другое российское предприятие. Александр получает предложение от японской фирмы, готовой взять на себя все поставки бамперов по значительно уменьшенным ценам. Принятие этого предложения означает неизбежное закрытие в близком будущем российского завода по производству бамперов и, как следствие, потерю многих рабочих мест. Все же Александр, взвесив все издержки и преимущества, связанные с принятием японского предложения, делает выбор в его пользу, поскольку это позволит его заводу добиться заметного снижения производственных расходов. В отсутствие любых представлений о всеобщей справедливости, "предписывающей честное и справедливое отношение ко всем без исключения людям"[12], этот утилитаристский подход к принятию решений очень распространен и широко признан.

Сопоставим теперь позицию Александра с притчей Иисуса о пастухе, узнавшем о потере одной из сотни своих овец — он сразу же оставляет все стадо и отправляется на ее поиски. Вернувшись домой, пастух говорит друзьям и соседям: "Порадуйтесь со мною, я нашел мою пропавшую овцу" (Евангелие от Луки, 15:4-7).

Иисус поведал и другую притчу — об отце, разделившем между двумя сыновьями причитающуюся им часть своего имения. Старший сын остался дома и работал вместе с отцом, младший же ушел в другую страну и прожил там все свое имущество, а потом вернулся домой и стал просить отца о прощении. Отец простил младшего сына, но когда его старший сын, оставшийся верным родителю и сберегший унаследованное имущество, узнал о снисходительности отца, он рассердился и спросил об ее причинах. На это отец ответил: "Брат твой сей был мертв и ожил, пропадал и нашелся" (Евангелие от Луки, 15:18-32).

Эти две притчи напоминают о том, что принятие решений на основе скрупулезного подсчета издержек и преимуществ всех возможных альтернатив и последующего выбора максимально прибыльного варианта отнюдь не всегда является наилучшей стратегией. Утилитаризм игнорирует многие важные факторы: ценность личности, беспристрастность, общую для всех справедливость.

Приведенные притчи Иисуса о потерянной овце и о блудном сыне ясно показывают, что ценность человеческой личности должна быть важным фактором принятия решений. Отец был вовсе не обязан с радостью пускать в свой дом неверного сына, растратившего многолетние плоды трудов родителя. Однако отец простил младшего сына и дал ему то же место в своем серд-

це, что и его страшему брату. Такая душевная щедрость рождается любовью, а не анализом издержек и прибылей.

Ценности

В основе устойчивых и глубоких деловых и личных связей лежат четыре ценности: благоразумие, забота, справедливость и моральные принципы. Благоразумие предполагает как обладание "идеалами, так и готовность пойти на такие уступки и компромиссы, которые способствуют реальному приближению к этим идеалам."[13] Отсюда, однако, не следует, что цель оправдывает средства. Примером делового благоразумия может быть, скажем, внесение нужных изменений по ходу разработки нового продукта, поскольку в данном случае именно в этом и проявляется готовность к компромиссам.

Понятие заботы относится к взаимным обязанностям и обязательствам членов сообщества. Обязанность бизнеса состоит в поставке на рынок качественных и надежных товаров и услуг — на это и должны быть нацелены деловые решения. Предположим, что владелец пекарни и булочной продает хлеб, выпеченный, согласно его рекламе, из муки высшего сорта без всяких добавок, тогда как на самом деле в тесто добавляются наполнители. Свои явно неэтичные действия он объясняет тем, что для него это единственный путь накопить средства, необходимые для покупки нового оборудования. Такая практика игнорирует понятие заботы.[14]

Справедливость — это равное и непредвзятое отношение к каждому. К примеру, кадровая политика фирмы не должна акцентировать внимание на таких особенностях работника, как его раса или половая принадлежность, выделяя или же, наоборот, дискриминируя его по этим признакам.

Моральное понимание проистекает преимущественно из культуры и религии. Например, если ложь в данной культуре общепринята, ее носителям будет трудно установить с представителями других культур отношения доверия и вступить с ними в деловые соглашения. Религиозность, основанная на благоразумии, заботе и справедливости, способствует развитию таких моральных принципов, которые помогают заниматься предпринимательством как в своей стране, так и за рубежом.

Рассмотрим напоследок еще один воображаемый пример. Предположим, некий москвич по имени Михаил заключает с владельцем типографии контракт на печатание пятитысячного тиража некой книги за определенную цену. В ходе выполнения этого заказа в типографии ломается печатный станок, так что значительная часть тиража временно остается неотпечатанной и поступает к заказчику с месячным запозданием. За время этой задержки сильно подскакивает цена бумаги. Владелец типографии предлагает Михаилу пересмотреть ранее согласованную цену всего тиража. Должен ли Михаил платить большую сумму, чем та, о которой они первоначально договорились? С чисто юридической точки зрения он, вероятно, никак не обязан этого делать. В то же время Михаил, рассуждая прагматически, может и согласиться на пересмотр первоначальной цены, особенно если хозяин типографии никак не виноват в поломке станка и если сам Михаил хотел бы иметь с ним дело и в дальнейшем.

Заключение

Международный бизнес ведет свои дела под воздействием самых различных культур и жизненных философий, соединяя посредством сделок великое

множество групп, обладающих своими собственными целями и действующих согласно своим собственным установкам. Ключевыми механизмами таких связей являются контрактные обязательства. Контракты бывают двух родов: документированные и недокументированные. Документированные контракты могут защищаться юридическими способами, в то время как соблюдение недокументированных соглашений зависит только от моральных принципов партнеров.

Бизнес можно рассматривать как систему контрактных обязательств, выполнение которых повышает статус и благосостояние заключающих их сторон — это так называемая модель "взаимного выигрыша". Этический механизм соблюдения контрактов требует для своей работы: 1) верности общепринятому кодексу поведения, 2) понимания того, что верность взятым на себя обязательствам наилучшим образом обеспечивает долговременные интересы каждого предпринимателя, и 3) усвоения принципа справедливости. Выполнение деловых соглашений немыслимо без соблюдения хотя бы одного из этих условий.

По мере ускорения динамики международной торговли честность и верность своим принципам и обязательствам будут делаться все более важными факторами во взаимоотношениях между людьми и фирмами, в каких бы странах и культурах они ни действовали.

Примечания

[1] Янош Корнаи, "Дорога к свободной экономике". Нью-Йорк, В.В. Нортон, 1990, стр. 45.

[2] Джон Добсон, "Роль этики в глобальной корпоративной культуре". "Журнал деловой этики" •9 (июнь 1990), стр. 482.

[3] Там же.

[4] Артур Холмс, "Этика: достигая моральных решений". Даунерс Гроув, Иллинойс, Интер-Варсити Пресс, 1984, стр. 54.

[5] Кеннет Е. Гудпастор, "Этика в менеджменте". Бостон, Гарвардская школа бизнеса, 1984, стр. 6.

[6] Книга пророка Михея, 6:8.

[7] Бернард Рейли и Мирослав Кий, "Экономика и этика". "Журнал деловой этики" №9 (сентябрь 1990), стр. 691.

[8] Майкл Новак, "Это полушарие свободы". Вашингтон, округ Колумбия, Америкэн энтерпрайз институт пресс, 1990, стр. 87.

[9] Рейли и Кий, "Экономика и этика", стр. 694.

[10] Там же, стр. 693.

[11] Джон Стюарт Милль, "Труды Милля по этике", под ред. Дж.С. Шнивинда. Нью-Йорк, Колбин Букс, 1965, стр. 281.

[12] Холмс, "Этика", стр. 93.

[13] Пауль Дж. де Фриз, "Этика и экономика для СССР", работа представлена в Академии Общественных Наук в Москве 19 января 1990 г.

[14] Джеймс Р. Гленн мл., "Этика в принятии решений".Нью-Йорк: Джон Вайли и сыновья, 1986, стр. 109-111.